Heinrich Mann

Die traurige Geschichte
von Friedrich dem Großen

W0013083

Heinrich Mann

Die traurige Geschichte von Friedrich dem Großen

Ein Fragment

Der König von Preußen

Ein Essay

Mit einem Nachwort
von Jürgen Haupt

claassen

Diese Ausgabe erfolgt mit Genehmigung
des Aufbau-Verlags, Berlin. Sie darf nicht in der
Deutschen Demokratischen Republik verkauft werden.

Frontispiz: »Friedrich der Große«
Holzstich von Eduard Kretzschmar
nach einer Zeichnung von Adolph von Menzel
Archiv für Kunst und Geschichte, Berlin

Copyright © Aufbau-Verlag, Berlin und Weimar 1974
Copyright © 1962 by Claassen Verlag GmbH, Hamburg
und © 1986 by claassen Verlag GmbH, Düsseldorf,
für die Bundesrepublik Deutschland, West-Berlin, Österreich
und die Schweiz
Alle Rechte vorbehalten
Papier: Papierfabrik Schleipen GmbH, Bad Dürkheim
Druck und Bindearbeiten: Bercker, Grafischer Betrieb, Kevelaer
Printed in Germany
ISBN 3 546 46278 5

VORWORT

In einem brieflichen Nachruf nannte Thomas Mann »die traurige Geschichte von Friedrich dem Großen« das »letzte, ganz große Unternehmen« seines Bruders Heinrich. Er wies dabei auch auf die »überraschende Stoffwahl« hin. Überraschend war sie in der Tat: die Beschäftigung mit Leben und Gestalt des preußischen Königs hatte einst Thomas Mann selbst zu einem Essay angeregt, der dann während des ersten Weltkrieges zu dem berühmten Streit zwischen den beiden Brüdern führte. Als Siebzigjähriger griff Heinrich Mann seinerseits auf das Thema zurück. Seit 1940 hat er sich, wie aus seinen Tagebuchnotizen hervorgeht, intensiv mit der Gestalt Friedrichs des Großen beschäftigt, mit der »Histoire de mon temps«, mit der Korrespondenz zwischen Friedrich und Voltaire, mit den Memoiren der Markgräfin Wilhelmine von Bayreuth, Friedrichs Schwester, den Aufzeichnungen von de Catte aus den letzten Jahren des Siebenjährigen Krieges und anderen Quellen. Daraus erwuchs der Versuch, das Leben Friedrichs des Großen in der Form eines Dialogromans, in kurzen, dramatischen Einzelszenen, wiederzugeben. Der Plan des Werkes liegt vor. Ausgeführt ist etwa ein Fünftel. Es umfaßt die Jugendzeit Friedrichs bis zum Besuch am Hof August des Starken in Dresden.

Das Manuskript, an dem Heinrich Mann bis zum Jahre 1948 gearbeitet hat, wurde schließlich in seinem Nachlaß in Los Angeles entdeckt und erschien 1960 als Sonderdruck der Deutschen Akademie der Künste zu Berlin. Unsere Publikation ist demgegenüber noch um den Aufsatz »Der König von Preußen« erweitert, der organisch zur »Traurigen Geschichte von Friedrich dem Großen«

gehört und gleichsam Heinrich Manns letztes Wort zu diesem Thema darstellt.

Der Aufsatz erschien ein Jahr, nachdem er an seinem »letzten großen Unternehmen« zu arbeiten aufgehört hatte, in der »Neuen Rundschau«, Heft 14, Frühjahr 1949.

Die traurige Geschichte
von Friedrich dem Großen

EIN FRAGMENT

DER KRONPRINZ

1. Exerzierplatz in Potsdam

Früh morgens. König Friedrich Wilhelm. Kronprinz Friedrich, im Jünglingsalter. Der Fürst von Anhalt. Das Regiment der Leibgrenadiere, voran die Musik, mit Schellenstock und großen Trommeln.

DER KÖNIG *kaum mittelgroß, beleibt, noch jung, aber versoffen; naiv und plump. Nachlässige Uniform. Er läßt seine langen Kerle< vorbeimarschieren; sie machen Stechschritt. Den Krückstock auf sie gerichtet, zählt er mit schnarrender Stimme.* Achtundachtzig, neunundachtzig. Über die Schulter, für den Kronprinzen. Mitzählen!

FRIEDRICH. Quatre-vingt-dix, quatre-vingt-onze.

DER KÖNIG. Deutsch geredet!

FRIEDRICH. Je vous demande mille fois pardon, mon cher papa!

DER KÖNIG. Nix cher papa. Für Euch bin ich der König.

FRIEDRICH. Zu Befehl, Majestät. *Immer sanft und wohllautend, trotz unterdrückter Empörung.* Ich will mit dem Regiment vor Eurer Majestät defilieren. De grâce, faites-moi rentrer dans les rangs.

DER KÖNIG. Jetzt gerade nicht. Lern' Er zuerst sich gerade halten. Meine Offiziers sind keine krummen Hunde. *Er zählt die Soldaten.* Hundertneunzehn, hundertzwanzig. Zu dem Fürsten von Anhalt. Der Flügelmann ist mein Schoßkind. Hat mich nichts gekostet. Wir entführten ihn in Polen vom Jahrmarkt weg.

ANHALT *größer als der König, finsteres Gesicht. Ein*

Schaubudenriese ist schwer zu drillen. Je länger einer ist, um so schlaffer ist er.

DER KÖNIG. Den Drill meiner Infanterie, Anhalt, habt Ihr selbst erfunden. Ein Bastard meines Hauses muß auch zu etwas taugen. *Er läuft neben den Soldaten her; einen, der die Beine nicht genug streckt, schlägt er mit seinem Krückstock.*

FRIEDRICH *bei Anhalt.* Le roi est de mauvaise humeur.

ANHALT. Weder besser noch schlechter als sonst. Die Majestät hat den Sinn meines neuen Drills nicht begriffen.

FRIEDRICH. Ich auch nicht.

ANHALT. Er freut sich, weil ich Maschinen aus Menschen mache. Er nimmt es als Huldigung für seine königliche Herrlichkeit.

FRIEDRICH. Ich nehm' es als Degradierung der menschlichen Natur.

ANHALT. Hoheit! Ihr werdet noch einsehen, daß der preußischen Infanterie heute keine mehr gewachsen ist.

FRIEDRICH. Et si je continue, Altesse, à mépriser votre drill?

ANHALT. Gardez-vous en bien. Ein anderer könnte besser als Ihr verstehen, wozu der König der Preußen da ist. *Er entfernt sich.*

FRIEDRICH. Une menace? Der Bastard droht dem Kronprinzen. Mais non, il veut rire.

DER KÖNIG *zeigt mit dem Stock.* Da fehlt einer. Ein Kerl ist mir weggelaufen. Ha! Der Türke. Heda! Leutnant, ja Ihn mein' ich.

EIN LEUTNANT *springt aus der Reihe; steht stramm, vor Anstrengung treten ihm die Augen heraus.*

DER KÖNIG. Was hat Er mit meinem Türken gemacht? Antwort' Er! Ein preußischer Offizier, und kein Freimut, das wäre! *Er hebt den Stock gegen den Leutnant.* Nee, geht nicht vor die Leute.

FRIEDRICH *abseits.* Battez-le-donc! Ich will der einzige sein, den der König nicht vor die Leute schlägt.

DER LEUTNANT *verzweifelt, schnell.* Melde Eurer Majestät gehorsamst, Kerl desertiert, schon wieder eingefangen, liegt im Eisen.

DER KÖNIG. Was Eisen! Der Profoß soll ihn herschaffen.

DER LEUTNANT. Zu Befehl, Majestät. *Erlöst marschiert er im Stechschritt ab.*

DER KÖNIG. Anhalt!

ANHALT *läßt das Regiment exerzieren. Er kommt widerwillig.* Was ist los, Sire?

DER KÖNIG. Pas content, Euer Sire. Ihr laßt mir meine langen Kerle weglaufen. *Läßt ihn stehen.*

ANHALT. Je m'en fiche de votre Turc.

FRIEDRICH. C'est vous que je mettrais dans les fers.

ANHALT. Mich? In Eisen legen, den berühmten Feldherrn.

FRIEDRICH. Une plaisanterie. Ein grober Scherz, wie die Euren. Ein berühmter Feldherr werd ich auch sein. Nichts leichter als das.

DER KÖNIG *ist dem Türken entgegengegangen. Die Hände gefesselt, wird der lange Soldat über den Platz geführt. Der König verschränkt die Arme und legt den Kopf in den Nacken, damit er den Soldaten anblicken kann.* Canaille! Weißt du auch nur, was du mich kostest?

DER SOLDAT *betrachtet den König flüchtig, übersieht ihn gleichgültig.*

DER KÖNIG. Der Großtürke hat dich mir zum Präsent gemacht. Seinen Vezier mußt ich aber bestechen. Achttausend Taler! Acht Fuß Länge hast du, den Fuß zu tausend Taler, und du willst mich betrügen, Schurke.

DER LEUTNANT. Melde untertänigst, Majestät, der Klotz versteht kein Wort.

DER KÖNIG. Ich will ihn lehren. Nach der Exekution wird er ein guter Preuße sein. Profoß!

DER PROFOSS. Zu Befehl! Fünfundzwanzig auf den Rük-
ken. *Er spuckt in die Hände. Der Soldat wird an eine
Bank geschnallt.*

DER KÖNIG *zählt die Schläge.* Fünf, sechs, sieben. Der Kerl
schreit noch immer nicht.

DER LEUTNANT. Melde untertänigst, er ist es kräftiger gewöhnt. Die Türken sind eine barbarische Nation.

*Der Profoß schlägt stärker. Der Soldat schreit. Trommel-
wirbel.*

DER KÖNIG *schwenkt aufgeregt den Arm und den Stock.*
Aufhalten, Profoß! Ist schade um den Kerl und meine
achttausend Taler.

ANHALT. Habt Ihr das gut gesehen, Hoheit?

FRIEDRICH. Si fait, Altesse. J'ai bien vu que les Turcs sont
une nation barbare.

2. Berlin, auf der Straße

Der König. Graf Seckendorf. Passanten.

DER KÖNIG *ohne Begleitung, geht in der Mitte. Eine Karosse, der er nicht ausweicht, hält an.*

GRAF SECKENDORF, *Gesandter des Kaisers, verläßt den
Wagen, er verneigt sich.*

DER KÖNIG. Da seid Ihr auch wieder, Seckendorf, und
immer in noblen Kleidern. Hier ist nicht Wien. Bei mir
distinguiert man sich durch die Uniform allein. Wißt Ihr.
Andere Länder, andere Sitten.

SECKENDORF. Es ist wahr, mein Herr der Kaiser kleidet
sich nicht militärisch. Aber er ist früh auf, wie Eure
Majestät.

DER KÖNIG. Ich habe schon zwei Stunden meine Garde
exerziert. Jetzt kommt das Civil daran. Zucht muß sein,
gleich, ob blauer Rock oder brauner.

SECKENDORF. Eure Majestät gehen ohne Bedeckung. Es wird vergeblich sein, wenn ich Euch meine Heiducken anbiete.

DER KÖNIG. Brauch' Eure Heiducken nicht. Kennt Ihr wohl die Zahl meiner Soldaten? Achtzigtausend.

SECKENDORF. Eurer Majestät gebührt es, die schöne Zahl auszusprechen; sonst hätte ich es gekonnt.

DER KÖNIG. Der König von Frankreich unterhält so viele nicht. Der Kaiser selbst, hat er gar achtzigtausend Mann gegen die Türken?

SECKENDORF. Der König von Preußen wird dafür hochgeachtet.

DER KÖNIG. So? Und nicht beneidet? Mißgünstig sind mir alle. Im Reich arrestiert man meine Werber.

SECKENDORF. Ich werde der Majestät des Kaisers davon Bericht erstatten.

DER KÖNIG. Der weiß es. Ihr auch. Verstellt Euch nicht. Kennt doch die Stärke meiner Armee genau. Fahrt durch meine Hauptstadt und spioniert mich aus, Herr Diplomat.

SECKENDORF. Das ist mein métier.

DER KÖNIG. Am Ende haltet Ihr es mit dem unverschämten Bischof von Lüttich. Der empfängt meinen Oberst nicht. Drei Tage im Hof stehen lassen, einen preußischen Oberst! Ich zahl' es Euch heim.

SECKENDORF. Ce fut un contretemps! Une méprise! L'évêque de Liège ne s'en console pas.

DER KÖNIG. Der Kujon von einem Bischof rühmt sich noch, daß ich gegen ihn nichts machen kann. Meine Besitzungen liegen weit auseinander. Wo ich keine Truppen habe, da demütigt ihr mich. Noch mehr Soldaten müssen es sein. Jeder Preuße ein Soldat.

SECKENDORF. Avec la permission de Votre Majesté, je dirai que c'en est déjà plus que de raison.

DER KÖNIG. Was? Ihr Bösewichte! Sag' ich es doch, ich bin Euch zu stark!

SECKENDORF. Mit zwei Millionen Untertanen. Die kaiserlichen Erbländer zählen zwanzig Millionen, sie reichen von Brüssel bis Neapel. Achtzigtausend Soldaten muß der römische Kaiser nicht unterhalten.

DER KÖNIG. Man wird sehen, ob er muß.

SECKENDORF. Im Namen Kaiserlicher Majestät verwahre ich mich. Die Länder und Königreiche Karls des Sechsten sind ihm treu. Niemand preßt die Einwohner zum Militärdienst. Läg' eine Besitzung noch so fern, keine empört sich und unterstellt sich fremdem Schutz.

DER KÖNIG. Wie meine Untertanen dem Bischof von Lüttich. Ha! Längst hatte ich Euch erraten und Euren schlimmen Sinn gemerkt, Graf Seckendorf. *Er schüttelt seinen Krückstock.* Fahrt ab, wohin Ihr mögt. Ich will meine Hundsfötter von Bürgern lehren, davonzulaufen. *Er macht kehrt und läuft.*

SECKENDORF *zu seinem Begleiter.* Was melde ich dem Wiener Hof? Daß der König von Preußen eine Gefahr ist? Eher noch: der Mann hat den Verstand verloren. *Er besteigt seinen Wagen, der weiterfährt.*

Inzwischen haben alle Passanten sich die Häuser entlang an dem König vorbeigedrückt. Als die nächsten ihn kommen sehen, setzen sie sich in Trab.

DER KÖNIG *holt einen Bürger ein; packt ihn an der Brust.* Was hat Er gestohlen?

DER BÜRGER. Ich bin ein ehrlicher Kaufmann. Halten zu Gnaden, Majestät.

DER KÖNIG. Er hat ein böses Gewissen.

DER BÜRGER. Das Haus ist mein, worin ich mein Geschäft betreibe. Gnade!

DER KÖNIG. Mit einem honetten Herzen fürchtet Er seinen König nicht. Mir aus den Augen! *Tritt ihm in das Gesäß; der Bürger rennt um die Ecke.*

DER KÖNIG *läuft bis zur Ecke, ruft in die Seitengasse.* Lieben sollt Ihr mich! *Aus der Gasse kommt eine Bürgersfrau.*

DER KÖNIG *verstellt ihr den Weg.* Was treibt Sie sich umher? *Ohrfeige.* Damit Sie es merkt, eine anständige Frau gehört ins Haus.

DIE FRAU. Majestät holt wohl auch das Essen für Eure Kinderchen ein?

DER KÖNIG *tritt sie vor den Bauch.* Mach lieber noch eins! Ich will Rekruten haben.

DIE FRAU *heult und entflieht.*

Ein großes, gut gewachsenes Mädchen wird vom König entdeckt. Sie will sich davonmachen.

DER KÖNIG. Stillgestanden! Kennt Sie Ihren König nicht?

DAS MÄDCHEN. Darum eben. *Sie lacht auf ihn nieder.* Mit mir seh' Er sich vor! Ich habe brave Fäuste.

DER KÖNIG *besänftigt.* Du hast auch brave Schenkel. Besonders dein Bauch ist ganz nach Wunsch.

DAS MÄDCHEN. Soll ich die Prügel-Majestät von *der* Seite kennen? Auch recht. *Krault ihn am Kinn.*

DER KÖNIG. Dreiste Kuhmagd! Rekruten will ich von dir haben.

DAS MÄDCHEN. Immer drauf los!

DER KÖNIG. Du und einer von meine langen Kerls, das gibt Großvieh. Ich züchte die Rasse auf.

DAS MÄDCHEN. Was heißt hier Rasse? Ich hab einen Liebsten. Zwei hab ich. Sind einen Fuß kleiner, aber tüchtig beim Geschäft.

DER KÖNIG. Maul halten! *Er schreibt in ein Buch, spricht für sich.* Der Flügelmann von meine langen Kerls. soll Überbringerin als christliches Eheweib kriegen. Befehl vom König. Unterschrift Friedrich Wilhelm. *Er reißt das Blatt ab.* Da hat Sie es.

DAS MÄDCHEN. Ich kann nicht lesen. Was ist es denn?

DER KÖNIG. Das geht Sie einen Dreck an. Ordre parieren! Am Schlagbaum in Potsdam übergibt Sie den Wisch dem Kommandanten. Schultert's Gewehr! Marsch!

DAS MÄDCHEN *stramme Haltung, Stechschritt.*

DER KÖNIG *bevor er um die Ecke lenkt.* Das war heute morgen meine beste Aktion für den Staat Preußen.

DAS MÄDCHEN *sobald der König außer Sicht ist.* Der Olle bildet sich ein, ich werde bis Potsdam laufen. Damit es Prügel setzt. Dunkelarrest, bei Wasser und Brot. Der will mich für dumm kaufen.

Ein altes, armes Weiblein trippelt heran.

DAS MÄDCHEN. Will Sie was geschenkt haben, gutes Mütterchen?

DIE ALTE. Geschenkt, allemal.

DAS MÄDCHEN. Nehm' Sie den Wisch. Bring' Sie ihn zum Torkommandanten in Potsdam.

DIE ALTE. Gibt es Geld dafür?

DAS MÄDCHEN. Und warmes Essen. Mach' Sie nur!

DIE ALTE *mißtrauisch.* Was geht Sie nicht selbst. Ich hab keine Beine zum Laufen.

DAS MÄDCHEN. Ich keine Zeit. Auf mich warten schon zwei, denen eilt es.

DIE ALTE. Konnt ich mir denken. Jugend hat keine Tugend. Meinesgleichen muß bis Potsdam humpeln, wenn sich noch einer finden soll. Na, auf gut Glück.

Sie verschwindet um die Ecke.

DAS MÄDCHEN *sieht ihr nach.* Der Dussel von König hat, was er verdient. Ob ich heute die erste bin, die ihn betrügt?

3. Berliner Schloß

Der König. Die Königin Sophie Dorothee. Kronprinz
Friedrich. Seine Schwester Prinzessin Wilhelmine (wenig
älter als Friedrich). Duhan, Erzieher Friedrichs. Ein
Hauptmann.

DER KÖNIG *betritt das Schloß von einer Seite, die nach*
Festung aussieht. Er schreitet die Wache ab. Fürchter-
licher Zorn beim Anblick eines Soldaten. Dem Kerl fehlt
ein Gamaschenknopf. Ins Prison mit dem Hauptmann!
DER HAUPTMANN. Majestät, der Knopf war da. *Er folgt*
dem König über die Treppe. Ein anderer Kerl, droben auf
Posten, hat den Knopf gestohlen.
DER KÖNIG *geht durch eine Reihe von Prunksälen, über-*
all Wachen. Er schreit. Wo ist mein Knopf? Den ganzen
Plunder geb' ich für meinen Knopf. Ordnung über alles.
Zucht will ich haben.
DER HAUPTMANN. Der Kerl war dieser – oder dies war er.
Sieht einer wie der andere aus.
DER KÖNIG. Ich unterscheide Seine Leute. Er nicht? Der
Kerl soll sich melden. Das ist kein Soldat, der seinen Kö-
nig betrügt. Her mit dem Knopf!
Keine Antwort. Alle, auch der Hauptmann, stehen ange-
strengt stramm.
DER KÖNIG *strampelt, stampft auf.* Ins Prison, die Bagage!
Wütend reißt er die letzte Tür auf und wirft sie hinter
sich zu.

Einfaches, nüchternes Eßzimmer

Die Familie steht und wartet.

DER KÖNIG *zu Sophie Dorothee.* Ihr habt den Kerl mit
dem Knopf versteckt.

17

DIE KÖNIGIN. Vous rêvez, Sire. Qu'est-ce qui arrive? Je
vous donne un calmant?

DER KÖNIG. Vergiften wollt ihr mich? Schöne Worte französisch, aber Gift vom Haus Hannover.

DIE KÖNIGIN *beleidigt.* Unbegreiflich. Ihrem Oheim, dem
König von England, würden Sie die Tollheiten niemals
sagen. Haus Hannover regiert nicht nur das vereinigte
Königreich: wir sind in Deutschland die ersten Edelleute.

DER KÖNIG *wird klein.* Hoheitsvolle Olympia! Ich bin
Euer Getreuer. *Er küßt ihr die Hand.*

DIE KÖNIGIN *gnädig.* Euer bester Teil ist der Gehorsam.

DER KÖNIG. Wer befehlen will, muß gehorchen können.

DIE KÖNIGIN. Wir gehen denn zu Tische.

DER KÖNIG *kommt dem Lakaien zuvor, rückt ihr den Stuhl
hin.* Accomodiert Euch! *Klaps auf ihre Rückseite.* Eure
Formen werden immer olympischer. Mir ist es recht so,
und bei zwölf Kindern soll es für Euch gewiß nicht bleiben. Aber nimmt Eure Schönheit viel weiter zu, so laßt
Euch gleich einen doppelten Stuhl machen. *Er nimmt den
Sessel mit der höchsten Lehne ein.*

DIE KÖNIGIN *seufzt. Zu dem Erzieher Duhan.* C'est sa façon d'être galant. Vous avez de la chance de ne pas comprendre.

FRIEDRICH *zwischen der Königin und dem Erzieher.* Mais
il comprend mieux que moi.

DUHAN *nur für Friedrich.* Still doch, Hoheit! Die Majestäten reden frei von der Leber. Wüßten sie, daß ich inzwischen Deutsch gelernt habe, sûrement on me chasserait.

FRIEDRICH *ebenso leise.* Benahm man sich beim Marschall
Turenne vornehmer als hier?

DUHAN. Dort diente mein Vater als Erzieher.

FRIEDRICH. Vous ne me répondez pas.

DER KÖNIG *hat geschlungen, reibt seinen Magen.* Das war
Schweinebauch mit Rüben.

DIE KÖNIGIN. Mein Geschmack ist es nicht: es ist Eurer.

DER KÖNIG. Dazu ein kräftiger Schluck Bier. Soldatenkost. *Er leert seinen Krug, der Lakai füllt ihn wieder.*

PRINZESSIN WILHELMINE *trinkt ihrem Bruder mit Wasser zu.* Wir spielen Kaserne. Wer schneller austrinkt.

DIE KÖNIGIN. De qui se moque-t-on? Ma fille, vous m'effrayez.

DUHAN. Qu'est-ce que dit la princesse? Si c'est une imprudence, je ne veux pas la connaître.

FRIEDRICH. Ich folge meinem königlichen Vater. Er ist das Muster der guten Gesellschaft.

DER KÖNIG *mit vollen Backen.* Was redet der Junge? Hat er was gegen mich?

DIE KÖNIGIN. Er bewundert den König, der Ihr seid.

DER KÖNIG. Will ich mir ausgebeten haben.

WILHELMINE. Ich habe kalte Füße.

DIE KÖNIGIN. Es zieht aus dem Kamin. *Zu ihrem Nachbarn Duhan.* Le roi interdit les paravents et les lambris.

DUHAN. N'oubliez pas, Madame, que vous avez embrassé la religion calviniste. Vos coreligionnaires s'en tiennent au strict nécessaire.

DIE KÖNIGIN. Merci de la leçon. *Zum König.* Die Sitten wandeln sich. Jetzt ermahnt ein Pastorensohn die Königin zur Einfachheit.

DER KÖNIG. Ihr könnt es brauchen. Wenn es nach Euch ginge, speisten wir in dem Prunksaal. Œufs d'esturgeon. Pâté de gibier. Bildet es Euch ein! Mein Geld brauch' ich für meine langen Kerls.

FRIEDRICH *zu Wilhelmine.* Eine Idee: wir essen nachher noch einmal, in dem silbernen Cabinet.

WILHELMINE. Den Caviar werden wir uns einbilden; aber wir haben das silberne Cabinet.

DER KÖNIG *wirft über den Tisch ein Stück Fleisch auf den*

19

Teller Friedrichs. Aufessen! Daß du ein starker Soldat wirst.

FRIEDRICH *würgt.* Gnade, lieber Papa! Der Schweinebauch will nicht hinunter in meinen.

DER KÖNIG. Du Lümmel willst nicht. Marsch in die Ecke!

DIE KÖNIGIN. Eure Majestät vergißt, daß der Kronprinz kein Kind mehr ist. Einen Offizier in die Ecke stellen!

FRIEDRICH *verzieht verächtlich das Gesicht; stellt sich auf und sieht die Wand an.*

DER KÖNIG *zu der Königin.* Da habt Ihr den Komödianten: er tut es wirklich. *Zu Friedrich.* Mach' Er sich fort auf Sein Zimmer! Er hat Stubenarrest.

FRIEDRICH *als er an den Damen vorbei und aus der Tür geht.* Adieu, Mesdames, vous ne me reverrez plus. Je suis déshonoré.

DIE KÖNIGIN. Er wird tragisch. Was hat er vor?

WILHELMINE. Die Tragödien von Voltaire wird er sich vorsprechen. Ai-je la permission d'aller lui donner la réplique?

DIE KÖNIGIN. Nur schnell! Monsieur de Duhan, surveillez votre élève. Son Altesse a trop d'imagination.

DUHAN *verneigt sich; öffnet der Prinzessin die Tür.*

WILHELMINE *küßt der Königin die Hand; dann dem König, der es nicht bemerkt.*

DER KÖNIG *fährt auf.* Was war das? *Mit dem Stock gegen die Lakaien.* Marauds! Ihr wollt eurem König aufpassen. *Die Lakaien flüchten.*

DER KÖNIG *mit der Königin allein.* An allem habt Ihr die Schuld.

DIE KÖNIGIN. An unserem charmanten Familienleben?

DER KÖNIG. Mit deinen zierlichen Sitten verdirbst du mir die Kinder. Das Mädchen geht in Seide. Sogar den Jungen möchtest du kleiden nach dem Geschmack der Welt.

DIE KÖNIGIN. Wir leben in der Welt.

DER KÖNIG. In Preußen leben wir. Dem Mädchen gehört Baumwolle, dem Jungen zweierlei Tuch.

DIE KÖNIGIN. Und durchgescheuerte Ärmel?

DER KÖNIG. Seines Königs Rock ist immer der beste. Er redet aber lieber französisch und verachtet meine Kost. Er liebt dépenses zu machen, schon im kindischen Alter. Wie will das werden. Die deutschen Kleinfürsten äffen alle den Hof von Frankreich nach, ruinieren ihre Staaten und werden ausgelacht. Ich bin mir zu gut: bin auch kein Kleinfürst.

DIE KÖNIGIN. Die Untertanen Eurer Majestät müssen doppelt zahlen, für Eure viel zu große Armee. Gekämpft habt Ihr noch nie. Man lacht nicht nur über die Eitelkeiten der anderen Fürsten, auch über Eure.

DER KÖNIG. Aus Euch spricht die Großmannssucht des Hauses Hannover. Was hat der Kurfürst, unser Oheim, viel von seinem England, wo er König heißt; muß aber kriechen vor dem Parlament. Ich bin allein der Herr. Mich fürchten sie. Der Kaiser respektiert mich. Dein Hannover hätte mich gern aus dem Wege. Ich leide an verdächtigen Magenbeschwerden.

DIE KÖNIGIN. Vom schweren Essen und vom Bier. Sagt nicht noch einmal, daß Ihr Gift bekommt; sonst müßte ich Euch an Euren Vater erinnern. Der erste König von Preußen hat unlöblich begonnen. Seinen Bruder erster Ehe ließ er im fernen Italien vergiften.

DER KÖNIG. Hütet Euch! Eine Person Eures Leibesumfanges, und rein vom Teufel besessen! Ich lieb Euch mitsamt Euren Pockennarben, aber gebt wohl acht!

DIE KÖNIGIN. Pockennarben denkt Ihr Euch aus? In Holland hat ein Mensch etwas anderes ersonnen und ließ es drucken: daß der König von Preußen kein legitimer Sohn seines Vaters sei.

DER KÖNIG. Den Verleumder hol' ich mir, wär's auch mit meiner Armee. Der wird gerädert und gevierteilt, so wahr ich der echte Erbe von Haus Brandenburg bin.

DIE KÖNIGIN. Der König, Euer Vater, hätte ihn vergiftet. Ihr seid in Wahrheit das Haus Borgia.

DER KÖNIG. Was meint Ihr? Welch ein Haus? Verstehe schon, das ist Eure hannoversche Bildung und Bücherweisheit. Ihr erinnert mich, daß ich ein ordinärer Kerl bin.

DIE KÖNIGIN. Werdet jetzt nicht demütig! Alles, nur nicht die elende Demut.

DER KÖNIG *auf den Knien.* Demut ist christlich. Wenn es mir gefällt, so demütige ich mich vor meinem Schöpfer und seinem dicken Geschöpf. Verzeiht mir, hochedle Dorothee. Ich bin Euer König nicht, bin Euer Kuhknecht.

DIE KÖNIGIN. Schämt Euch doch! Wenn jetzt der Junge noch in der Ecke stände und Euch hörte.

DER KÖNIG. Was, wer? Die Ecke? Der Junge? Ha! Der Kronprinz, mein leibliches Kind! Seinetwegen habt Ihr mich verleitet, den Unsinn aufzuführen.

DIE KÖNIGIN. Ich hieß ihn gehen, damit er für Eure Majestät die Achtung behält.

DER KÖNIG. Verruchtes Weib, intriguiert gegen mich bei dem Erben der Krone Preußens. Hätt ich doch nie gelebt! Nie einen Sohn gezeugt!

DIE KÖNIGIN. Ihn nie in die Ecke gestellt.

DER KÖNIG. Das kommt nicht wieder vor. Ich schwöre: alles soll anders werden, und der Kronprinz ein Mann. Aus mit der Weiberwirtschaft: ich trenne ihn von Euch und Eurer Tochter. Fort mit den Büchern und mit dem verdammten Franzosen, der sie ihm zusteckt.

DIE KÖNIGIN. Ihr seid selbst französisch erzogen.

DER KÖNIG. Bis ich die Bücher hinwarf und nur die Landkarten und die Gebete las. Wer berufen ist, die Krone zu tragen, schuldet alle seine Zeit den Militärwissenschaften, und was übrig bleibt, der Erkenntnis Gottes.

DIE KÖNIGIN. Sire, Ihr plant Veränderungen?

DER KÖNIG. Sind schon beschlossen. Noch heute bekommt der Kronprinz zwei Gouverneurs: preußische Offiziere; die machen aus dem Weichling einen Mann.

DIE KÖNIGIN. Der Kronprinz ist nicht von Eurer Art.

DER KÖNIG. Dann hol' ihn der Teufel.

4. Das Zimmer des Kronprinzen, unter dem Dach

Im Hintergrunde der Alkoven mit schräger Decke. Die wollenen Vorhänge fallen um das Bett. Im Licht des Mansarden-Fensters steht der Tisch auf plump geschweiften Füßen; er trägt zwei Leuchter und das Schreibzeug, alles aus Zinn. Am bloßen Boden liegen Bücher durcheinander. Die Stühle haben als Lehne ein leeres Gestell; ihre Polster sind dünn und schadhaft. Eine versteckte Tapetentür wird zugedeckt von dem Bildnis des Königs und einem Lorbeerkranz.

Friedrich. Duhan. Dann Wilhelmine.

FRIEDRICH *aufrecht im seidenen Schlafrock; er deklamiert, beginnt im tiefen Ton und steigt zu den höchsten auf.*
Ce séjour convient aux malheureux:
Va, laisse-moi le soin de mes destins affreux.

DUHAN. Das spricht nur der Diener. Held Ödipus ist weniger verzweifelt.

FRIEDRICH.
Et dis-moi si des dieux la colère inhumaine,
En accablant ce peuple, a respecté sa reine?
Was auch nicht herzhaft klingt. In einer Tragödie vermag der Mut nichts gegen das Verhängnis. Quel génie tragique que ce Voltaire: il nous connaît bien, nous autres

princes, jeunes et fiers. Wir behalten die Pantinen an, bis daß wir in den Modd sacken.

DUHAN. Hoheit! Was für ein Deutsch sprecht Ihr?

FRIEDRICH. Fuhrknechtsdeutsch. Hab es im Deutschen nicht weiter gebracht. Et pourquoi y tenez-vous tant à vous exprimer dans cette langue de charretiers?

DUHAN. C'est par vanité. Ein König, der mein Zögling war, wird dereinst seinen Untertanen und seinen Feinden auf deutsch gebieten.

FRIEDRICH. Meinen Untertanen, c'est forcé. Mes ennemis seront, eux, de la bonne société: je n'en admets pas d'autres. Comme moi, ils auront lu Voltaire.

DUHAN. Ihr werdet vielleicht ein großer, jedenfalls aber ein deutscher Fürst sein.

FRIEDRICH. De cœur et de langage, je suis Français. Il me semble qu'en ce siècle tout le monde doit l'être.

DUHAN. Armer Junge.

FRIEDRICH. Wat denn? Nu flenn man bloß. Je dis des bêtises, peut-être?

DUHAN. Unglücklich ist, wer kein Ausdrucksmittel von Natur und vollkommen beherrscht.

FRIEDRICH. Mais je saurai parler à l'Europe. Glaubt Ihr, daß der vierzehnte Ludwig diese Leuchte der Mit- und Nachwelt geworden wäre, hätt' er nicht sein Französisch gehabt?

DUHAN. Sein Französisch, ihm angeboren.

FRIEDRICH. Die Corneille, Racine, Molière haben den Monarchen die hohe Rede gelehrt. Mir dienen dieselben Meister, und mehr als sie Voltaire, qui les achève et les dépasse: der steckt sie alle in die Tasche.

DUHAN. Daran zweifelt niemand.

FRIEDRICH. Seht Ihr, eine große Literatur ist schon die halbe Macht des Fürsten, der mit ihr wetteifert.

DUHAN. Ihr könntet recht haben.

FRIEDRICH *ist entrückt; bewegt sich im Zimmer.* Der

24

Ruhm! Der literarische oder der militärische: ich habe die Wahl. Ich fühle, daß ich beides könnte: Verse machen und Schlachten gewinnen. Warum nicht den einen wie den anderen Ruhm?

DUHAN. Pardon, Monseigneur, d'interrompre vos rêveries. Der König hatte mir befohlen, nicht Euch das Leben der großen Männer zu lehren, sondern den Willen Gottes in der Geschichte.

FRIEDRICH *wirft mit dem Fuß einen Stoß Bücher um.* Theatrum Europæum. Aus siebzehn lateinischen Folianten habt Ihr mir rührend fleißig den französischen Abriß gemacht: ist aber noch zu lang. Euer Schüler ist ein Faulpelz.

DUHAN. Ihr tut Euch Unrecht. Im Flötenspiel wenigstens seid Ihr beflissen. Latein durftet Ihr nicht lernen; auch die Kenntnis des Altertums Euch beizubringen, verbot Seine Majestät.

FRIEDRICH. Ich kenne es dennoch, aus den Tragödien der Franzosen.

DUHAN. Eine Übersicht der letzten hundert Jahre war alles.

FRIEDRICH. Es war viel. Denn die Helden der hundert Jahre heißen Condé, Turenne und Prinz Eugen. Ein Leben reicht nicht, um ihr Beispiel zu befolgen und es einzuholen. Noch heute trägt die Erde den dritten: mir schwindelt, denk' ich an Prinz Eugen.

DUHAN. Er hat dem Kaiser unschätzbare Dienste erwiesen.

FRIEDRICH. Dem Kaiser? Guter Freund und Haftelmacher, das Genie der Fürsten ist Euch fremd. Was kümmerte ihn jener mittelmäßige Kaiser in Wien. Eugen war einst jung und ehrgeizig: dabei saß er wohl schlecht zu Pferd, ging krumm, muß einen kleinen Leibesschaden gehabt haben. Le roi lui dit: allez faire vos études; vous n'êtes pas né militaire. Das ist es gerade. Versteht Ihr, Duhan?

DUHAN. Ich weiß, daß der junge Eugen sich schwor, Paris nie wieder zu betreten, außer die Waffen in der Hand.

FRIEDRICH. Sagt das genug?

DUHAN. Die Begabten empfinden alles lebhaft, auch den Drang nach Vergeltung.

FRIEDRICH. Rache am König von Frankreich, für eine ganz natürliche Entscheidung? Das kann nicht Grund genug sein, wenn ein fürstlicher Empörer sein Land verläßt; wenn er zum Feind übergeht und beim Kaiser endlich doch der Feldherr wird, der er nicht hatte werden sollen. Da erobert er denn die türkischen Provinzen; da schlägt er am Rhein die Armeen desselben Louis, der ihm seinen geheimen Buckel angesehen hatte. Alle die lebenslangen Anstrengungen des Gedankens und Willens wären eigentlich der Rache geweiht gewesen. Gut; aber Rache an wem?

DUHAN. Prenez garde de ne pas blasphémer.

FRIEDRICH. An der Natur, die ihm hinderlich war.

DUHAN. Ich fürchtete: an Gott.

FRIEDRICH. Gott interessiert sich nicht für unsere Angelegenheiten: ich bin ihm so gleichgültig wie Prinz Eugen. Kein Gott hilft uns, wenn nicht unser fürstliches Blut uns berechtigt, Empörer zu sein.

DUHAN. Ihr sprecht gar nicht mehr wie ein Fuhrknecht.

FRIEDRICH *mit Blick auf die Tapetentür, das Bildnis des Königs, den Lorbeerkranz.* Ich rede zum König. Er ließe mich nicht ausreden, so muß sein Bildnis mich hören. Den Lorbeerkranz hab ich mir selbst verliehen.

DUHAN. Im voraus.

WILHELMINE *aus der Tapetentür.* Mon petit frère! Une grande surprise: das Leben des Prinzen Eugen, alle Bände sind angekommen. Das Cabinet ist voll kostbarer Bücher.

FRIEDRICH. Les belles reliures! Für diesen Schatz hab ich gespart und gedarbt.

WILHELMINE. Nicht doch. Graf Seckendorf hat sie bezahlt.

FRIEDRICH. Tausend Taler langen nicht, um auch meine seidenen Röcke aus Paris zu verschreiben. Unglücklicher Prinz! Mit Euren großen Träumen wohnt Ihr hier unter dem Dach. Ihr seid arm, ein Sklave, an Eurem Rücken haftet die verhaßte blaue Uniform, Euer Sterbekittel.

WILHELMINE. Daß nur niemand Eurer ansichtig wird, mit Eurem reichen Kleid à la mode française.

FRIEDRICH. Meine Bibliothek muß in dem geheimen Cabinet versteckt sein. Mein Freund Duhan trägt mir die Bücher zu, jedes einzeln unter seinem Mantel.

DUHAN. Hoheit! Es wird noch mein Verderben sein, daß ich Euch liebe.

FRIEDRICH *zuckt die Achseln. Zu Wilhelmine.* Unsere Musik? WILHELMINE *bringt aus dem Cabinet die Harfe. Die Flöte Friedrichs überreicht sie ihm.* Hier dürft Ihr befehlen. Dies ist Euer Gebiet.

Sie spielen eine italienische Komposition.

FRIEDRICH *bricht sein Spiel ab.* Der König von Frankreich hat mein Alter, oder ich habe fast das seine. Muß Ludwig der Fünfzehnte heimlich musizieren, lesen, bestickte Rökke tragen?

DUHAN. Noch seid Ihr nicht der König, wie er.

WILHELMINE *zärtlich.* Und werdet nie der König von Frankreich sein.

DUHAN. Vergeßt nicht, daß der König von Frankreich zwanzig Millionen Untertanen hat.

FRIEDRICH. Und wir nur zwei. C'est intolérable.

DUHAN. Mais tous les rois sont au-dessus du commun des hommes.

FRIEDRICH. Peu importe. Kann ich nicht ihm gleich sein, mit Freuden wär ich sein Vasall. Eroberte ihm Länder, wie Prinz Eugen dem Kaiser. Sich einen Namen machen, ist alles. Virtuose des Ruhmes sein!

WILHELMINE. So werdet ein Virtuose auf der Flöte. Jouons, c'est de notre âge. Vous ne verrez pas le roi Louis
de si tôt.
Sie spielen weiter. Das Cabinet hinter ihnen verwandelt
sich in einen französischen Garten. Sie bleiben in der Mu-
sik versunken.

5. Versailles, der Garten vor dem Palais

König Ludwig der Fünfzehnte, reizend gekleidet, bei den
Springbrunnen, in einer hübschen Gesellschaft junger
Herren und Damen. Niemand ist viel älter als der Zwan-
zigjährige. Er hat die Augen verbunden: man spielt Blin-
dekuh. Alles dreht sich um Ludwig; die Frauen hälten ihr
Gesicht unter seines und ziehen sich zurück, bevor er
zugreift. Lachen und Laufen.

EIN REIFER HERR *bei einer der steinernen Bänke, wo die*
schönste Dame auf Kissen ruht. Faites attention. Mes-
dames et Messieurs, ce n'est pas de jeu. On n'oblige pas le
roi de courir.
LUDWIG. Monsieur, je le fais de bonne grâce. Je saurai
prendre ma revanche.
DER HERR *zu der Dame auf den Kissen.* A votre tour, Ma-
dame la Duchesse. Allez-y.
DIE DAME *geht dem König entgegen; sie läßt sich fangen.*
Ça y est.
DIE JUNGEN LEUTE. Elle est prise. Vive le roi!
DIE DAME *nimmt dem König das Tuch vom Gesicht,*
das wohlgebildet und edel erscheint. Voyons ce jeune
Apollon. *Sie beugt das Knie.* Sire, on vous trouve
adorable.
LUDWIG. D'adorable, il n'y a ici que vous, Madame.
DIE DAME. J'attends vos ordres.

LUDWIG *führt sie an der Hand um eine der gestutzten Hecken.*

DIE JUNGEN LEUTE. Il est bien honnête. – Et gracieux. – Il a la démarche royale. – Personne ne saurait marcher comme lui.

In einem Ausschnitt der Hecke ist zu sehen, wie Ludwig die Dame küßt.

EIN JUNGES MÄDCHEN. Ni embrasser comme lui.

LUDWIG *bringt die Dame auf ihren Sitz zurück.* Serviteur, Madame la Duchesse.

DER HERR *mit dem König abseits.* Sire, elle est à vous. Ne m'oubliez pas, au moins.

LUDWIG *verneint mit dem Kopf.*

DER HERR. Comment, vous n'en voulez pas?

LUDWIG. Elle coûterait trop cher à renvoyer.

6. Beim König

Das Zimmer enthält keine Bücher, aber Waffen und Ta-bakspfeifen. Auf dem Schreibtisch steht die Puppe eines Grenadiers.
Anwesend sind: der König, Friedrich (in seiner alten Uni-form); Graf Finckenstein; Oberst von Kalckstein. Nach-her ein fremder Offizier.

FRIEDRICH *zieht an dem Zopf der Puppe, wobei der Mund des Grenadiers weit aufgeht.*

DER KÖNIG *den beiden Offizieren zugewendet.* Hört zu, Graf Finckenstein. Macht die Ohren auf, Oberst von Kalckstein. Das importanteste Geschäft von der Welt ist die Erziehung des Kronprinzen von Preußen.

Die beiden Offiziere schlagen die Hacken zusammen. Friedrich schiebt der Modellpuppe eine tönerne Pfeife in den Mund.

DER KÖNIG. Nicht wegen eines dummen Jungen, der vor Gott keinen Taler gilt. Ihr auch nicht. Euer König ist deren höchstens zwei wert.

FINCKENSTEIN. Die Majestät unterschätzt sich.

KALCKSTEIN. Gott legt gewiß noch einen dazu.

DER KÖNIG. Allein der Staat Preußen ist in den Augen des Ewigen unbezahlbar. Soll den Menschen, diesem Lumpenpack, noch viel zu schaffen machen.

FINCKENSTEIN. Die preußische Armee steckt jede andere ein: ich weiß es, denn dem König von Frankreich hab ich gedient.

KALCKSTEIN. Der hält sich noch Schweizer Garden, er läßt deutsche Regimenter für sich kämpfen.

FRIEDRICH *schiebt den Zopf; der Nußknacker-Grenadier zerbeißt die Pfeife.*

KALCKSTEIN. Der Preuße beißt selbst zu. Steht auf eigenen Füßen, ohne Wank.

FRIEDRICH *wirft die Puppe um, sie klappert hölzern.*

DER KÖNIG *fährt herum.* Racker! Wirst du wohl Respekt vor's Militär kriegen! *Stockschläge.*

FRIEDRICH. Ihr schlagt einen preußischen Offizier.

DER KÖNIG. Nicht den Offizier, mein Kind corrigier' ich.

KALCKSTEIN *flüstert dem Kronprinzen ein.* Zu Befehl, Majestät.

FRIEDRICH *schweigt erbittert.*

DER KÖNIG. Da seht Ihr Herren, was Ihr an dem Bengel zu tun habt. Seinen Bauernhochmut brechen. Ihm austreiben die Faulheit und das heuchlerische Wesen. Die dignité ist in der Armut: er soll kein Geld haben. Auch Prügel nicht mehr; diese waren die letzten. *Faltet die Hände.* Daß Gott mir beistehe gegen mein zorniges Gemüt!

FINCKENSTEIN *zu Friedrich.* Hoheit! Von Seiner Majestät bestellt, bin ich von Stund' an Euer Gouverneur.

KALCKSTEIN. Ich, mit gnädiger Erlaubnis, Euer Sous-Gouverneur.

DER KÖNIG. Ihr fangt gut an, Kalckstein. Gnädige Erlaubnis von dem Bankert. *Er schlägt sich auf den Mund.* Die Stunde ist wohl feierlich, da mein Sohn und Nachfolger aus den Händen von Weibern und Schulmeistern übergeht in die Zucht von Soldaten.

FRIEDRICH. Comment? Je ne retournerais plus chez mon ami Duhan? Je serais séparé de ma sœur que j'aime tant?

DER KÖNIG. Mach dich auf große Veränderungen gefaßt.

KALCKSTEIN *flüstert ein.* Viel Ehre, Majestät.

FRIEDRICH. Untertänigen Dank. Die Strenge Eurer Majestät rechne ich mir zur Ehre an und empfange Eure Schläge als Gnadenbeweis.

FINCKENSTEIN. Gut. So viel Wohlredenheit bei so zarten Jahren.

DER KÖNIG. Woher hat er das? Von mir nicht; ich bin geradezu.

FRIEDRICH. Von meiner alten Kindererzieherin, die schon die Eure war. Sie lehrte Euch wie mich das maintien und die règles de la bonne société.

DER KÖNIG. Ich glaube, der Fuchs will mich lehren. *Er beherrscht sich.* Von hier wird stracks in die Predigt gegangen. Bekenn' Er Seinen Christenglauben!

FRIEDRICH. Ich glaube an den allmächtigen, gestrengen Gott und seinen lieben Sohn, der fünfundzwanzig Stockschläge ... nein, die bekam er nicht. Er trug sein Kreuz und starb für uns, ist aber auferstanden.

DER KÖNIG. Amen.

DIE BEIDEN OFFIZIERE. Amen.

DER KÖNIG. Ihr Herren! In meinen Instruktionen vergaß ich doch nicht die Eloquenz? Nichts ist, was einem großen Fürsten besser ansteht und nötiger ist, als wohl zu reden.

KALCKSTEIN. Nach dem Beispiel Eurer Majestät.

DER KÖNIG. Der Oberst geht mir um den Bart. Könnt ich wohl mit dem Wort eine Armee zu einer vigoureusen Aktion animieren? Fritz soll es dereinst. Eure Hauptaufgabe aber bleibt: die wahre Liebe zum Soldatenstande in ihm zu erwecken. Nichts auf der Welt kann einem Prinzen Ruhm und Ehre geben als der Degen.

FINCKENSTEIN. Es lebe unser König!

DER KÖNIG. Seid unbesorgt, ich lebe meine Zeit. Fragt sich, ob wir es lohnen, die Zeit und ich. *Er wendet sich ab.* Der Kaiser hat mir die Herzogtümer Jülich und Berg versprochen: ich fühle, daß ich darum betrogen werde, und kann's nicht hindern. Wagst es nicht, Kujon. Wer wird mir nachsprechen: Preußen über alles, und wird es wahr machen mit meiner Armee?

Er wischt sich die Augen. Die Offiziere befragen einander stumm. Friedrich stellt die umgefallene Puppe auf.

DER KÖNIG *kehrt zurück.* Stracks zum Gottesdienst! Hofprediger Noltenius soll uns gesunde Wahrheiten ins Maul geben. Vor einen absoluten Fürsten – merkt es, ihr Prinzenerzieher! – nutzt nur die eine einzige Beschränkung und Zucht, als da ist die Furcht Gottes. Hätte er die nicht, müßt er entarten zum Ungeheuer.

FRIEDRICH. Mein guter Vater! Non, je me trompe. C'est Votre Majesté que je veux dire.

FINCKENSTEIN. Der Kronprinz scheint anstellig und folgsam.

KALCKSTEIN. Ist mir doch, als frommten einem Prinzen auch die Wahrheiten, die ihn groß von sich denken machen.

DER KÖNIG. Moralische Sentenzien will ich, daß er lernt, und die Kriegswissenschaften: das gibt ein Ganzes. *Befangen.* Draußen wartet einer, der von der Zukunft weiß. Hat es durch göttliche Eingebung, außer er wär ein Charlatan: die Einfalt unterscheidet's nicht.

FINCKENSTEIN. Ein Wahrsager? Haltet zu Gnaden, das möchte gegen die Religion verstoßen.

DER KÖNIG. Hauptmann Cron dient im schwedischen Heer.

KALCKSTEIN. So verstößt es nicht gegen den Anstand.

DER KÖNIG. Der Mann ist invalid aus Rußland entkommen mit seinem König Karl dem Zwölften. Was er mehr weiß als wir, hat er teuer bezahlt.

Er zieht die Klingelschnur. Die Tür wird geöffnet. Der Wachposten stampft mit dem Gewehrkolben auf.

DER SCHWEDISCHE OFFIZIER *tritt am Stock sehr langsam ein. Er ist hohlwangig und bleich. Er sieht zwischen den Anwesenden hindurch. Schweigen.*

DER KÖNIG *führt Friedrich vor ihn hin.* Hier ist das Sujet.

DER OFFIZIER. Ich sehe.

DER KÖNIG. Ihr habt ihn noch nicht angeblickt.

DER OFFIZIER *tastet nach der Hand Friedrichs, der sie in die seine legt. Spricht über den Kopf des Kleineren hinweg.* Ich sehe meinen Herrn. Den König Karl den Zwölften seh' ich. Zerlumpte Landstreicher, die wir waren, im blutigen Schnee der russischen Steppe, immer das Schwert entblößt.

DER KÖNIG. Hör' Er auf. Da ist mir Noltenius mit seiner Strafpredigt lieber.

DER OFFIZIER *den Friedrich an der Hand zieht, betrachtet sein hinaufgewendetes Gesicht.* Hier ist noch mehr. Ein Sonntagskind.

DER KÖNIG. Sonntag war, als er zur Welt kam. Der Mann hat das zweite Gesicht!

KALCKSTEIN *zu Finckenstein.* Er sieht, was man will.

FINCKENSTEIN. Zuerst das Grausen, dann die guten Vorzeichen: so machen's die Traumdeuter.

DER KÖNIG *ängstlich.* Hauptmann Cron, seh' Er sich vor, der Kronprinz soll ein ordentlicher Mensch sein.

DER OFFIZIER. Wo ist Ordnung. Wo niemand außerordentlich werden will, mag es ordentlich zugehen. Dieser wird ein großer Fürst sein.

DER KÖNIG. Glücklich. Gott und den Menschen ein Wohlgefallen.

DER OFFIZIER. Sich selbst nicht. Dieser wird viele Eroberungen machen und als Kaiser sterben.

DER KÖNIG. Als Kaiser! Wie ginge das zu?

FINCKENSTEIN. Mit dem Deubel.

KALCKSTEIN. Warum nicht?

DER OFFIZIER. Gesetzt, er widerstände der Versuchung.

DER KÖNIG. Welcher?

DER OFFIZIER. Sich umzubringen. *Er geht langsam fort.*

DER KÖNIG. Fritz, komm zum Vater!

FRIEDRICH *gehorcht.* Ich glaub' ihm so nichts.

DER KÖNIG. Du willst kein großer Fürst sein?

FRIEDRICH. Ah! si je pouvais être roi de France.

DER KÖNIG. Kindskopf! Der jüngste preußische Leutnant redet solche Albernheiten nicht.

FINCKENSTEIN. Aber ein schwedischer Hauptmann, mit seiner Weissagung vom Kaiser.

KALCKSTEIN. Von vielen Eroberungen.

DER KÖNIG. Vom Selbstmord. Verzeih uns Gott den Vorwitz, daß wir auskundschaften wollten, was er vor uns geheimhält. Stracks in die Predigt!

7. Vor Jagdschloß Wusterhausen, im Freien

*Friedrich hat Unterricht im Fechten, bei einem Kadetten.
Weiter treten auf: Graf Finckenstein, Oberst von
Kalckstein; ein General.
Das Haus, in trauriger Gegend, ist unübersichtlich durch
Anbauten aus verschiedenen Zeiten und sehr verwahrlost.
Vorne ein Graben mit fauligem Wasser. Ein hölzerner
Steg führt hinüber. Diesseits erscheinen die beiden
Gouverneure des Kronprinzen.*

FINCKENSTEIN. Der Kronprinz wird niemals ein guter Fechter sein.

KALCKSTEIN. Wozu muß der junge Herr den Degen führen. Kein Mensch wird wagen, ihn herauszufordern.

FINCKENSTEIN. Kalckstein, dasselbe habt Ihr über die Wissenschaften gesagt. Niemand wird ihn nach Horaz oder den Logarithmen fragen. Aber er wird ein unwissender Schwätzer bleiben.

KALCKSTEIN. Wenn er doch esprit hat und sensible ist? Mehr verlangen weder sein Stand noch dieses Zeitalter.

FINCKENSTEIN. Falschheit verlangen sie, und sein Gemüt ist harmlos.

KALCKSTEIN. Meint Ihr? Seht hin, wie er den Kadetten umarmt. Gerade hätte der Kadett ihm den Degen ins Herz gestoßen, wenn die Spitze nicht umwickelt wäre. Dafür umarmt er seinen Gegner? Eitel, wie er doch ist?

EIN ALTER GENERAL *schwankt betrunken aus dem Hause.* Mein Pferd! Mein Pferd will ich!

FRIEDRICH *hinter der Stalltür, zu dem Kadetten.* Bring ihm seine Mähre, aber du mußt die Steigbügel zu hoch schnallen, daß der alte Saufaus herunterfällt.

DER KADETT *tut, wie gesagt. Er hilft dem General in den Sattel.*

35

DER GENERAL *reitet auf den Steg und fällt in den Wasser-graben.*

FINCKENSTEIN. Der Herr erfrischt sich.

KALCKSTEIN. Recht so, Herr General.

DER GENERAL *mit Schlamm bedeckt, ersteigt wütend das Ufer.* Dem Kadetten brech' ich den Hals.

FINCKENSTEIN. Hütet Euch!

KALCKSTEIN. Das war ein Spaß vom Kronprinzen.

DER GENERAL *blickt scheu um sich.* Was Ihr nicht sagt. Ich bin mit Fleiß aus dem Sattel gerutscht, damit unser junger Herr seinen Spaß hat. Ich hab eine Frau, mit ihr ist nicht gut scherzen; habe Söhne im Heer, die wollen avancieren. Maul halten! *Er schnallt die Bügel tiefer und schwingt sich auf das Pferd.*

FINCKENSTEIN UND KALCKSTEIN *gehen über den Steg.*

FINCKENSTEIN. Königliche Hoheit! Die Art von Conduite lehrten wir Euch mitnichten, solange wir die Ehre hatten, Eure Gouverneure zu sein.

KALCKSTEIN. Es ist wahr, daß wir Euch, im Allerhöchsten Auftrag, so gut wie gar nichts lehrten.

FRIEDRICH. Moralische Sentenzien und brandenburgische Geschichte. Mit Erfolg, Ihr Herren. Ich überzeugte mich selbst, daß alles wahr ist, Geschichte und Moral. Der Mann in Holland, der den König verleumdet hatte, wurde mit listigen Versprechungen endlich doch nach Preußen gelockt, wurde gegen alles Recht gestäupt und an den Galgen gehängt.

FINCKENSTEIN. Das war weise.

KALCKSTEIN. Es war nach der Religion, fragt jeden Prediger.

FRIEDRICH. Ich werde die Richter fragen, wie teuer ihre Urteile sind. Sie geben sie billig. Den Generalfiskal Katsch will ich fragen, den Günstling des ehrenwerten Grumbkow: ein bestochener Minister, aber bei Seiner Majestät

in unerschütterlichen Gnaden. *Er hat mit steigender Er-*
regung gesprochen.

FINCKENSTEIN. Nehmt Euch in acht, Hoheit!

KALCKSTEIN. Moral kann sich nicht jeder erlauben. Man
müßte denn ein Fürst sein.

FRIEDRICH. Wie der Kaiser, der uns demütigt, der den
König von Preußen um die versprochenen Herzogtümer
prellt. Wie der König selbst, wenn er bezahlte Spione bei
der Königin unterhält, und sie bei ihm.

FINCKENSTEIN. Unsere Pflicht wär es, der Majestät Eure
frevelhaften Worte anzuzeigen.

FRIEDRICH. Damit brächtet Ihr Euch selbst auf die Festung
Spandau, wo euresgleichen mehr sitzen. Daher werdet Ihr
schweigen.

KALCKSTEIN. Wir könnten es auch arrangieren, daß wir in
die allerhöchste Gunst kommen.

FRIEDRICH. Und ich nach Spandau. Da seht Ihr, wer Ihr
seid.

FINCKENSTEIN. Gewiß keine Schurken. Nur Männer, die
sich mit dem Leben abfinden.

KALCKSTEIN. Ein rechtes Glück, daß Seine Majestät die
Erziehung des Kronprinzen für beendet erklärt und seine
Gouverneure abdankt. Von jetzt an studiert Eure Hoheit
keine moralischen Sentenzien mehr, nur noch Kriegswissenschaften.

FRIEDRICH. Das ist Morallehre ad usum principis. Ich will
sie lernen, die Kriegswissenschaften. *Er verläßt die beiden*
Herren, spricht im Gehen weiter. La science de la guerre,
c'est encore, pour une tête couronnée, ce qu'il y a de plus
honnête à connaître. La stratégie, dans ma pensée, revient à
tromper les ennemis, aussi bien que les amis. C'est l'art d'être
partout le plus malin. *Er zögert, das Haus zu betreten.*
Ich hasse dieses erbärmliche Schloß und diese elende
Gegend, die nach Morast stinkt. Wusterhausen, la bien

37

nommée. Kein Garten, sich mit Freunden darin zu er-
gehen, und wo wären Freunde. Ein einzelner verküm-
merter Baum verlockt die Herren vom Hof, ihr Bedürfnis
unter ihm zu verrichten, ich glaube, auch die Damen. Ein
schöner Hof. Charmant séjour. Der König hatte gestern
Treibjagd, er hat heute Treibjagd, er wird morgen Treibjagd haben. Keine Zuflucht bleibt mir. Wenn ich mich
krank stelle, um heimlich Philosophie zu lesen, finde ich
das Versteck, wo die Bücher waren, leer. Spione überall.
Er horcht auf. Immer Geschrei.

*Aus einem der Fenster ertönt eine wütende Männer-
stimme und Klagen von Frauen. Friedrich steigt über
einen Misthaufen hinweg und auf den Baum, um in das
Zimmer zu sehen.*

8. Ein Zimmer mit geborstenen Wänden und schadhafter
Täfelung

*Drinnen: Der König. Die Königin. Prinzessin Wilhelmine.
Draußen, von den Ästen des Baumes verborgen, Friedrich.
Später: der Minister Grumbkow.*

DER KÖNIG *den Krückstock gegen Wilhelmine erhoben.*
Du schlechte Tochter hast mich um das englische Bündnis
betrogen.
DIE KÖNIGIN. Schlagt sie nicht! Sie kann nichts dafür.
Mein Oheim von England überlegt noch, ob er unsere
beiden Kinder mit den seinen verloben soll.
DER KÖNIG *wendet sich gegen die Königin.* Wir sind ihm
zu schlecht. Das mir, dem König von Preußen; und Ihr
allein mit Eurem Dünkel und vornehmen Ambitionen
habt mir die Schande zugezogen.
DIE KÖNIGIN. Ihr braucht das englische Bündnis gegen den
Kaiser. Ihr bekommt es nur, wenn der Kronprinz und

seine Schwester englische Heiraten machen: Friedrich die Prinzessin Amalie; Wilhelmine den Prinzen von Wales.

DER KÖNIG. Ihr habt's mir oft genug versprochen. Bin ich so klein, daß der Kurfürst von Hannover mich beleidigen darf, nur weil er sich König von England nennt? Ich dulde es nicht länger. Ich bin ein deutscher Fürst. Ich kann auch –

DIE KÖNIGIN. Sagt im Zorn nichts Unbedachtes.

DER KÖNIG. Ich kann auch mit dem Kaiser gehen. Meine achtzigtausend Soldaten sind kein Pappenstiel. Die preußische Armee gibt in Europa den Ausschlag.

DIE KÖNIGIN. Sire! Der Krieg ist gegen Eure Natur. Ihr wütet nur gern im eigenen Haus.

DER KÖNIG. Madame! Euer Hochmut, Eure englische Verwandtschaft werden es dahin bringen, daß ich mich gegen Euch vergesse! Nur Eurer Korpulenz verdankt Ihr meine Schonung.

DIE KÖNIGIN. Nicht Eurer Selbstachtung.

DER KÖNIG. Den beiden Stühlen, die Ihr benötigt.

DIE KÖNIGIN. Was wollt Ihr von mir. Dem Kronprinzen wenigstens ist die Prinzessin von Großbritannien zugesagt.

DER KÖNIG. Das giftet mich am meisten. Die Prinzessin soll ich nehmen; meine Tochter schlägt man aus.

DIE KÖNIGIN. Zweimalhunderttausend Pfund bekommt Amalie mit.

DER KÖNIG. Ein Dreck. Die Person erhebt alle Ansprüche auf Depensen, die sie am Hof von Saint-James gelernt hat. Sie wird mich ruinieren. Die halbe Armee werd ich entlassen müssen, damit meine Schwiegertochter hofhalten kann. Der schwache Fritz wird ihr redlich helfen. Nichts da. Euer schlagflüssiger Oheim verrechnet sich in mir.

FRIEDRICH *in dem Baum.* Mein braver Vater könnte mich

noch lehren, die Prinzessin von Großbritannien zu lieben. Wie der mich kennt! Aber greift er meine Schwester an, so spring ich in das Zimmer.

DIE KÖNIGIN. Den König Georg hätte der Schlag getroffen? Daß er nur Euch nicht trifft! Ihr trinkt zuviel, Ihr könnt nicht alt werden.

DER KÖNIG *schwingt die Arme, läuft umher.* Schreckliches Weib! Zwölf Kinder hab ich ihr gemacht; das dreizehnte ist unterwegs: das ist der Dank.

FRIEDRICH. Arme Mutter! Eine Märtyrerin auf dem Thron und im Bett!

DER KÖNIG *hält plötzlich vor Wilhelmine, die im voraus aufschreit.* Canaille! Wenn du nicht bucklig wärest!

WILHELMINE. Hilfe! Ich bin nicht bucklig.

DIE KÖNIGIN. Wo ist das Mädchen bucklig? Pour l'amour de Dieu, ce pauvre roi perd la tête.

FRIEDRICH. Sie rufen um Hilfe. Jetzt sollt ich springen. Verdammt, ich bin mit diesem Baum angewachsen. Malheureux prince! Vous avez les poings liés par votre lâcheté. *Er weint.*

Auf dem Steg erscheint der Minister Grumbkow.

DER KÖNIG *zu Wilhelmine.* Du hast mißfallen. Das Fräulein von Pöllnitz ist aus Hannover gekommen, dich zu besichtigen. Du gabst ihr dreiste Antworten, oder aus Trotz gar keine. Sie hat nach London schlecht über dich berichtet.

DIE KÖNIGIN. Wo ist die Prinzessin bucklig? *Sie ringt die Hände.*

DER KÖNIG. Ich bin nicht mehr gesund! Ich bin nicht mehr gesund, und diese Frauenzimmer töten mich! *Er greift der Prinzessin in die Haare.*

WILHELMINE *fällt zu Boden.* Mitleid, Majestät! Ich kann nichts dafür. Die Pöllnitz hat mich boshaft auf die Probe gestellt, sie ist eine Intrigantin.

DER KÖNIG *traktiert sie mit dem Stock.* Du sollst nicht falsch Zeugnis ablegen. Du willst den Wales gar nicht. Du bist verliebt in den Markgrafen von Schwedt, die Kreatur des schlechten Kerls, des Anhalt. Der Schwedt soll mir meinen Thron stehlen, wenn ich tot bin. *Er schleift sie an den Haaren.*

WILHELMINE *unter Wehgeschrei.* Das ist nicht wahr! Ich schwöre!

FRIEDRICH. Si c'était pourtant vrai. Ce marquis de Schwedt est joli garçon, doué de forces physiques évidentes, d'ailleurs bête à faire pleurer un veau. Dans le cas où il y aurait un complot, cette brute de duc d'Anhalt en serait l'instigateur. Dem alten Dessauer trau' ich noch weniger als seinem Neffen.

DIE KÖNIGIN. Sire, ist Euch auch wohl? Ihr glaubt, daß Eure eigene Tochter Euch entthronen will. Wischt Euch die Augen und seht ihr Elend an!

DER KÖNIG. Auf! Ich will nicht haben, daß eine Prinzessin vom Hause Brandenburg sich vor meinen Füßen wälzt. *Er reißt sie in die Höhe.*

DIE KÖNIGIN. Schon bereut Ihr. Fehlt nur, daß Ihr Buße tut und alles Eurem geliebten Minister Grumbkow beichtet.

DER KÖNIG. Der meint es gut: Ihr nicht. Euer Ehrgeiz nach den englischen Heiraten verwickelt mich in die schrecklichsten Staatsintrigen. *Er verläßt das Zimmer.*

9.

Friedrich. Minister von Grumbkow.

GRUMBKOW *ist unbemerkt bis in die Nähe des Hauses gelangt. Er ist ein eleganter Mann, das Gesicht liebenswürdig und lasterhaft.*

FRIEDRICH. Es war von Vorteil, daß ich auf meinem Baum

blieb. Wär ich ins Fenster gesprungen, meine arme Schwester hätte darum doch ihre Prügel bekommen, aber ich auch die meinen. Jetzt weiß ich, was ich wissen muß. Der Thron, auf den man es absieht, ist meiner. Bon sang! Mein ist die Krone Preußens.

Er bemerkt Grumbkow, der zu ihm hinaufblickt.

GRUMBKOW. Ich habe gehorcht. Sache eines Ministers ist es, an den Türen zu horchen, warum nicht bei einem Misthaufen. Eure Hoheit entscheidet selbst, ob dasselbe auch dem Kronprinzen ziemt.

FRIEDRICH. Nein. Es ist kein anständiges Verfahren, und kaum ein königliches. Aber ich tu es.

DIE STIMME DER KÖNIGIN *aus dem Zimmer.* Der Gestank in diesem Schloß ist unerträglich. Schließ' Sie das Fenster! *Eine Kammerfrau führt den Befehl aus.*

FRIEDRICH *hat sich unter das Laub geduckt. Er steigt vom Baum.* Wir werden nichts mehr hören.

GRUMBKOW. Ihre Majestät wird der Prinzessin geheime Briefe aus London vorlesen. Die habe ich als erster gekannt.

FRIEDRICH. Herr von Grumbkow, Ihr verletzt nicht nur den Anstand: Ihr handelt gewissenlos.

GRUMBKOW. Das Staatsinteresse verbietet mir, auf mein Gewissen zu achten. Eure Hoheit werden selbst die Erfahrung machen: wenig Gewissen, viel Erfolg.

FRIEDRICH. Gar kein Gewissen, ein großer Mann. Was stand in den Briefen?

GRUMBKOW. Voilà. Da ich sie geöffnet habe, kann ich Euch dienen. Der König Georg sähe die doppelte Verlobung mit Haus Brandenburg für eine passable Herablassung an; eine Macht zweiten Ranges werde ihm, selbst wenn sie dem König von Frankreich verbündet wäre, nicht schaden; um so weniger, wenn er sie, vermittels der beiden Heiraten, bündnisunfähig macht.

FRIEDRICH. Preußen, eine Macht zweiten Ranges!

GRUMBKOW. Ich dachte mir, daß die Nachricht Euch kränken würde. Den König desgleichen: daher wird die Königin sie ihm vorenthalten.

FRIEDRICH. Liebster Grumbkow, Sie verpflichten mich. Daß es noch Menschen gibt, denen ich trauen darf!

GRUMBKOW. Wenige! Hoheit, wenige; vielleicht bin ich sogar der einzige. Eure königliche Mutter wird verschweigen, was ihre Tante von England außerdem schreibt.

FRIEDRICH. Schnell, was ist es?

GRUMBKOW. Unsere Bedingung, daß Ihr mit der Prinzessin Amalie, Eurer künftigen Gemahlin, in Hannover residieren sollt, wird abgelehnt. Ihr könntet dieses Kurfürstentum Euren eigenen Staaten einverleiben.

FRIEDRICH. Man fürchtet mich. Gut so, ich will gefürchtet sein. Haßt man mich drüben auf der stolzen Insel, den Haß erwidere ich. Der Prinz von Wales, wie dieser principicule allemand sich nennt, spielt den Seemann, weil sie dort Schiffe und nichts weiter haben.

GRUMBKOW. Sie haben den Welthandel und genug Geld, um jeden Minister zu bestechen, nur mich nicht.

FRIEDRICH. Er ist ein Cäpten: ich mag ihn nicht. Es wird für die Welt und ihren Handel noch Folgen haben, daß ich meinen Vetter den Cäpten nicht mag.

GRUMBKOW. Zwischen Seiner großbritannischen Majestät und dem Kaiser, der über die seefahrenden Niederlande gebietet, wird es zum Kriege kommen. Der König von Preußen wird den Ausschlag geben.

FRIEDRICH. Wenn ich der König wäre, ich bin gegen beide.

GRUMBKOW. Viel auf einmal. Ihr seid jung und vorschnell, Hoheit.

FRIEDRICH. Für mich gibt es nur einen möglichen Verbündeten: den König von Frankreich.

GRUMBKOW. Sehr wohl; ich darf mich wundern.

FRIEDRICH. Er ist jung wie ich und viel aimabler. An seinem Hof sind die beaux esprits. Er hat einen Voltaire.

GRUMBKOW. Und Maitressen.

FRIEDRICH. Die möcht ich auch haben, darf aber nicht.

Er eilt dem Minister voraus in das Haus.

GRUMBKOW *der langsamer folgt.* Der junge Mann überschätzt sich, das macht ihn ungefährlich. Ein eitler Herr ist leichtgläubig. Wir haben's an ihm probiert.

10.

Zuerst noch Friedrich. Grumbkow. Seckendorf.

FRIEDRICH *hat die wacklige Holztreppe erstiegen.*

SECKENDORF *aus dem Zimmer des Königs.* Hoheit! Auf ein Wort, ich bitte.

FRIEDRICH. Intriguiert nur weiter beim König. Herr Gesandter, mit mir habt Ihr nicht so leichtes Spiel. *Während er um eine Ecke biegt.* Meinen Brief erhieltet Ihr.

SECKENDORF *zu Grumbkow, der eben eintrifft.* Ihr habt den Kronprinzen verstimmt.

GRUMBKOW. Oder Ihr. Den ganzen Tag verlaßt Ihr den König um keinen Schritt, und bis in die Nacht gebt Ihr ihm Gelage, die seine Gesundheit aufreiben. Die Familie hat den Schaden.

SECKENDORF. Wirklich? Der Kronprinz kommt bei mir um Zuschüsse ein; er ist nicht stolz, wenn er Geld braucht. Die englischen Verlobungen allerdings verlangen meine angestrengte Aufmerksamkeit. Langsam, aber sicher neigt die Majestät nach der Seite des Kaisers; sie begegnet mir nicht mehr ungnädig, nur noch preußisch, will sagen, rauh.

GRUMBKOW. Der Wachtposten versteht uns nicht, redet wendisch oder wasserpolackisch. Aber der Offizier macht die Runde. Treten wir in das Vorzimmer!

44

SECKENDORF. Noch besser in das zweite: man ist nie vorsichtig genug. Que cette maison est délabrée.

GRUMBKOW. Der Plunder würde mit englischem Geld erneuert werden. Vom Wiener Hof fließt es spärlich.

SECKENDORF. Reichlich genug in Eure Taschen, Grumbkow. Ihr könntet uns besser dienen.

GRUMBKOW *versichert sich an allen Ausgängen, daß niemand horcht.* Glaubt Ihr denn, die Gnade des rauhen Herrn fiele auf Euch von selbst, ohne daß meine Hand sie lenkte?

Er öffnet eine Tür. Hinter dem leeren Nebenzimmer wird der Schritt des Königs laut. Grumbkow schließt die Tür, er kehrt zu Seckendorf zurück.

SECKENDORF. Euer Herr ist unruhig: er wüßte zu gern, was er will, und weiß es nicht.

GRUMBKOW. Dafür bin ich da.

SECKENDORF. Die Königin ist hartnäckig und hat für sich die Nächte. Dreizehn Kinder, welcher Mann behielte noch seinen Kopf unter eigener Aufsicht. Der Kronprinz kann wagen, mich zu brüskieren.

GRUMBKOW. Eifersucht. Die Eifersucht jedes Nachfolgers auf die Günstlinge des Souverains. Bewundert mich! Dank meiner Geschicklichkeit vergißt er seinen persönlichen Vorteil: das wäre, unter uns gesagt, die englische Heirat. Sie macht Preußen größer, als sogar ein Krieg es vermöchte; und bei weitem auf die angenehmere Art.

SECKENDORF. Ihr insinuiert, daß Ihr gegen das Interesse des Hauses Brandenburg handelt? Es verratet?

GRUMBKOW. Verrat – ist ein ungefälliger Ausdruck für die Kunst, den vorausgesehenen Lauf der Dinge zu ändern. Sie gehen aber auch immer anders. Die Folgen – ich halte nichts von den Folgen: sie betreffen die Nachwelt; ihr sind wir so gleichgültig wie sie uns.

SECKENDORF. Das ist geistreich und ist bequem, mon cher ministre.

GRUMBKOW. Meine Instruktion an den preußischen Geschäftsträger beim Hof in Saint-James: er dementiert alle verwandtschaftlichen Beteuerungen unserer ehrgeizigen Königin. Er läßt Absichten des Königs von Preußen auf die hannoverschen Besitzungen durchblicken. Er beklagt, daß der Kronprinz französische Neigungen hegt, als ob die kolonialen Eroberungen des Königs von Frankreich ihn nicht zum verhaßten Rivalen des Inselreiches machten.

SECKENDORF. Die Antworten, die Eurer Königin zugehen, werden wenig ermutigend sein?

GRUMBKOW. Ihre Tante von England läßt ihr immer noch mehr Aussichten, als uns lieb ist. Der König allerdings sieht nur die Schwierigkeiten, die erhoben werden. Die Ehre, wenn er den Kronprinzen von Preußen und die Prinzessin in London anbietet, scheint ihm zu wenig gewürdigt, was ich verstehen kann.

SECKENDORF. Ich auch. Das Herrscherpaar wäre demnach ohne die rechte Übereinstimmung.

GRUMBKOW. Leider, leider.

SECKENDORF. Wie weit mag die verschiedene Meinung gehen?

GRUMBKOW. So ungern ich es eingestehe: bis zu Prügeln. Ihr Empfang ist der Prinzessin vorbehalten.

SECKENDORF. Ihr irrt, alter Freund. Der Kronprinz braucht sich seinem Erzeuger nur zu zeigen, schon hat er eine weg. In meiner Gegenwart. Dafür liebt er mich nicht.

GRUMBKOW. Das durftet Ihr nicht zulassen, alter Freund. Seht mich an, ich habe das Vertrauen des Thronerben gewonnen, obwohl der König auf mich schwört.

SECKENDORF. L'homme d'Etat que vous faites, est digne de l'ancien tricheur au jeu, que j'ai connu dans notre belle jeunesse.

GRUMBKOW. Mon compère! Vous souvient-il du coup de

46

Spa? Vous aviez une tabatière d'or unie sur ses bords. Lorsqu'il se présentait quelques coups décisifs, vous preniez une prise de tabac, et posiez votre tabatière assez négligemment sur la table. Le moindre reflet de la tabatière vous suffisait pour connaître les cartes que vous distribuiez.

SECKENDORF. Si je me rappelle nos exploits d'antan. Unser heutiges Spiel ist höher: um Kronen und Reiche.

GRUMBKOW. Und ich gewinne noch immer nichts weiter als meine zehntausend Taler jährlich vom Kaiser.

SECKENDORF. Und habt Schulden, genau wie der Kronprinz, der von einem Berliner Bankier siebentausend Taler geliehen hat. Dem König wagt er sie nicht zu beichten.

GRUMBKOW. Genau wie die Königin, die dreißigtausend Taler Spielschulden hat und sie dem hohen Gemahl verschweigt. Er ist ein Geizkragen, was die Familie betrifft.

SECKENDORF. Nicht gegen Günstlinge. Ihr, Grumbkow, seid unersättlich.

GRUMBKOW. Dem Kaiser werde ich zehntausend extra wert sein. Bedenkt, daß ich allein die englischen Heiraten verhindere: trotz der Partei der Königin, die bei Hofe stark ist.

SECKENDORF *gibt ihm einen Beutel.* Ich tue mein Bestes. *Er horcht auf.* Eine Stimme. Jemand ist beim König. *Er öffnet die Tür des Vorzimmers.* Ich höre Frau von Ramen sprechen. *Strenge.* Die Ehrendame der Königin: Ihr solltet sie gekauft haben.

GRUMBKOW. Der König wird sie teurer gekauft haben. Verlaß ist auf niemand in dieser käuflichen Welt.

SECKENDORF. A qui le dites-vous. *Blick von oben bis unten.* Den Beutel gab ich Euch eine Minute zu früh.

11. Zimmer des Königs

Es ist beiläufig eingerichtet wie im Berliner Schloß.
Der König. Frau von Ramen, Ehrendame.

DER KÖNIG. Ohne Umschweife! Was weiß Sie?

DIE EHRENDAME. Ist auch gewiß nicht Herr von Grumbkow in der Nähe?

DER KÖNIG. Scher' Sie sich um den Dienst Ihres Königs.
Der Grumbkow zahlt Ihr nicht, aber ich.

DIE EHRENDAME *öffnet einen Spalt der Tür nach dem
ersten Vorzimmer. Von der anderen Seite späht Grumbkow. Sie erschrecken voreinander. Grumbkow droht ihr.
Sie schließt die Tür.* Majestät, er ist imstand, mich umzubringen, wenn ich rede.

DER KÖNIG. Wenn Sie nicht redet, schick' ich Sie auf
ewige Zeiten nach Spandau.

DIE EHRENDAME *bricht in die Knie.* Nur das nicht! Eure
niedrigste Dienerin ist auch die treueste.

DER KÖNIG. Weil der Grumbkow kein Geld hat, Sie zu
bestechen. Mein Minister muß von meinen Gnaden leben,
meine Spione auch. Küß Sie den Staub von meinen Schu-
hen, damit ich Sie anhöre.

DIE EHRENDAME *steht beleidigt auf.* Gar nichts wird die
gnädige Majestät erfahren, so viel Neues geschehen ist.
Lieber auf Festung. Ich bin eine Edeldame. Ich rühme
mich meiner vierundzwanzig Ahnen.

DER KÖNIG. Mehr Ahnen als ich? Für jeden kriegt Sie
einen Dukaten. Vierundzwanzig Dukaten, und jetzt das
Maul auf, oder es setzt Hiebe.

DIE EHRENDAME. Ein königliches Wort. Ich hätte meine
Pflicht unentgeltlich erfüllt, aus bloßer Liebe.

DER KÖNIG. Für wen? Liederliches Frauenzimmer, Sie will
den Kronprinzen verführen, ich passe auf.

DIE EHRENDAME. Euch entgeht das Beste. Der Kronprinz hat das Bildnis der Prinzessin nach England geschickt.

DER KÖNIG *behält den Mund offen.*

DIE EHRENDAME. Der Prinz von Wales trägt es mit sich umher.

DER KÖNIG. Sie lügt. Den haßt der Kronprinz. Hat er einen Buckel darauf malen lassen? Drüben glauben sie, die Prinzessin sei verwachsen.

DIE EHRENDAME. Der Prinz von Wales glaubt es so wenig, daß er sich rasend verliebt hat.

DER KÖNIG. In ein Bild, das wär doch närrisch.

DIE EHRENDAME. Was sonst sind die Männer?

DER KÖNIG. Es kann nicht wahr sein. Die Königin hat Briefe bekommen, ich kenne sie.

DIE EHRENDAME. Den geheimsten behält meine hohe Herrin für sich, und mit gutem Grund.

DER KÖNIG. Schnell, was steht darin?

DIE EHRENDAME. Langsam, Majestät. Meine Ahnen sind Stück um Stück zwei Dukaten wert.

DER KÖNIG. Hinaus mit Ihr, oder ich erdrossele Sie.

DIE EHRENDAME *schätzt ihn ab und wendet sich zum Gehen.* Bald wird es Euch gereuen.

DER KÖNIG. Hiergeblieben, für zwei Dukaten das Stück.

DIE EHRENDAME. Der Preis ist mäßig. Die Königin hat mich große Mühe gekostet, bis sie sich mir anvertraute. Sire! préparez-vous à une aventure des plus inattendues. Der Prinz von Wales wird die Flucht ergreifen.

DER KÖNIG. Wohin?

DIE EHRENDAME. Hierher, unter Euren Schutz.

DER KÖNIG. Wer ist nun verrückt geworden? Bin ich's?

DIE EHRENDAME. Tragt die Freude mit Eurer bekannten Seelengröße!

DER KÖNIG. Was? Niederträchtige Intrigantin! Freuen soll ich mich, wenn ihr alle zusammen über mich herfallt à coup de massue? *Im Umherlaufen.* Der König von England wird sagen, daß ich den Prinzen entführt habe. Sein Parlament wird nach Rache schreien. Der Lärm, den eine freie Nation macht, erlaubt dem Monarchen kein Besinnen; er stürzt sich, aus Furcht vor der freien Nation, in den Krieg. Ich, bei aller meiner Unschuld, muß Krieg haben mit meinem Vetter von England.

DIE EHRENDAME. Liebt Ihr ihn so sehr?

DER KÖNIG *ist, außer sich vor Erregung, durch das Zimmer gerannt. Fußtritte und umgeworfene Stühle.* Wer redet da? Das Frauenzimmer belauscht mich.

DIE EHRENDAME. Eure Majestät beliebten noch nicht, mich zu entlassen.

DER KÖNIG *zielt mit einem Teller aus Zinn, verfehlt aber die Ehrendame.* Ich will Sie lehren zu erzählen, daß ich den Krieg fürchte.

DIE EHRENDAME. Der Soldatenkönig?

DER KÖNIG. Schon gut. Sie bekommt pro Ahnen drei Dukaten, wenn Sie schweigt.

DIE EHRENDAME. Großmut ohne Grenzen!

DER KÖNIG. Vom Fleck weg hole Sie mir den Kronprinzen.

DIE EHRENDAME. Ich eile. *Sie beugt die Knie, geht rückwärts hinaus. Sie horcht an der Tür des Vorzimmers.*

Im Vorzimmer

SECKENDORF. Échec et mat. Ich gewinne die Partie, in dem Augenblick, da niemand es denkt.

GRUMBKOW. Ihr verspekuliert Euch. Ein unbesonnener Schachzug des Kronprinzen setzt nicht den König matt.

SECKENDORF. Er sei so feig wie Ihr wollt, gegen das erbitterte England bleibt ihm nur das Bündnis mit dem Kaiser.

GRUMBKOW. Das Bündnis – ohne den Krieg. Wir führen

nicht Krieg: Wollt Ihr wissen, warum? Weil die Diplomatie so lange Geld einbringt, als der Krieg droht, und nicht mehr, wenn er ausbricht.

SECKENDORF. Das sind die Vorurteile in Eurem Soldatenstaat, der den Drill, aber nicht den Krieg kennt. Mir sagt eine Stimme, daß der Kronprinz Friedrich ihn begreifen wird. Bestechen und sich bestechen lassen, ist die Seele des Krieges.

DER KÖNIG *allein.* Da wär ich nun dans un joli pétrin; im Mist, kann man sagen. Und wer ist mir vor den Wagen gefahren? Wieder der verdammte Flegel von Kronprinz. Ein Schwächling, liest Bücher, ist nach Weibern verrückt und wagt es mit keiner. Hundert Dukaten dem ersten, der mir meldet, daß er verreckt ist und aufgehört hat, meinem Preußen zu schaden. Wüßt' ich nur, was er in England gegen mich angezettelt hat! Könnt ich in den Hof von Saint-James mit eigenen Augen hineinsehen! Umsonst. Den Knaben Friedrich seh' ich; kann ihn schlagen, aber begreifen werd ich nie, was in dem kleinen Kopf vorgeht.

12. Im Palast des Königs von England

Eine Bildergalerie. Dann die Gemächer des Königs.
Der Prinz von Wales. Höflinge und Damen. Die Gräfin
von Schulenburg. König Georg.

DER PRINZ VON WALES *wandelt entgeistert; wendet kein*
Auge von dem Miniatur-Bildnis, das er vor sich herträgt.
EIN HÖFLING. Er ist exaltiert. Er ist ein Deutscher.
EINE DAME. Die Verliebten gleichen einander überall. Mich rührt dies königliche Herz.
EIN ZWEITER HÖFLING *hat dem Prinzen über die Schulter*
gesehen. Aber sie ist nicht schön.

EIN DRITTER. Weder schön noch häßlich. Vielleicht see-lenvoll.

LADY ARLINGTON. Ein preußischer Grenadier als Frau ver-kleidet. Hier würde sie mißfallen.

DER PRINZ VON WALES. Welch ein Engel! Hier an den Wänden hängt kein Bildnis, diesem gleich. Meine Ur-großtante, die berühmte Elisabeth, sieht weniger jung-fräulich aus. Maria Stuart, der ich auch verwandt bin, ver-schwindet vor den Reizen meiner Wilhelmine. Daß ich in ihrer holden Nähe wäre! Ihren Saum zu küssen, müßte mich höher beglücken als die Umarmungen der Damen, die diesen Hof zieren!

EINE DAME. Mag er ihn selbst zieren!

EIN HÖFLING. Er übertreibt seinen deutschen Geschmack. Der König wird nicht zufrieden sein.

EIN ANDERER. Der König bemüht sich, englisch zu fühlen.

NOCH EINER. Hoffen wir, daß er bald eine andere Dame auszeichnet als die Gräfin von Schulenburg.

DIE GRÄFIN VON SCHULENBURG *überaus stattlich, schreitet, von Pagen geleitet, durch die Gesellschaft, die zurück-weicht und tiefe Verneigungen ausführt. Sie gibt dem Prinzen von Wales ein Zeichen, ihr zu folgen. Sie ver-schwindet in den Gemächern des Königs.*

EINE DAME. Gut. Das ist die deutsche Gebieterin unseres al-lerhöchsten Herrn. Jetzt sollen wir noch eine bekommen.

LADY ARLINGTON. Einen preußischen Ladestock, mit den Sitten eines Sergeanten. Diese Prinzessin hat ihre dame de compagnie mißhandelt, an den Haaren geschleift und ge-treten. Ich konnte die unglückliche Leti nur retten aus dem barbarischen Preußen, wenn ich jenen Leuten droh-te, die Heirat ihres Kronprinzen zu vereiteln.

EIN HÖFLING. Mylady Arlington kommt selbst aus Han-nover, wo die Preußen verhaßt sind, und der Haß ist ge-genseitig. Querelles d'Allemand, was gehen sie uns an.

EIN ANDERER. Auf ihrem Bildnis erscheint die Prinzessin von Preußen kränklich. Ich würde mich wenig wundern, wenn sie, und nicht die Gesellschafterin, die Empfängerin von Kopfstücken wäre. Einer Freundin der Lady Arlington ist vieles zuzutrauen.

EINE DAME. Aber Mylady hätte recht, die Verbindung mit dem Hause Brandenburg zu hintertreiben.

EINE ANDERE. Beide Heiraten. Besonders die Heirat unseres Thronfolgers.

EIN HÖFLING. Wenn es an uns läge! Leider wird in diesem Lande der Hof nicht um seine Wünsche befragt. Das Parlament schreit nach dem Bündnis mit Preußen, gegen den König von Frankreich, und die Nation schreit mit, von den Kaufleuten bis zu den Dockarbeitern.

EIN ANDERER. Als ob die Gemeinen eine Meinung haben könnten.

In den Gemächern des Königs, der alt ist
und die Gicht hat

KÖNIG GEORG *im Sessel; das umwickelte Bein liegt auf einer Bank.* Meinen Portwein!

PAGE *kniet. Gießt dem schwerfälligen Greis den Wein in den Mund.*

DER KÖNIG. Es geht besser. Wie hat mein Sohn seine Sache gemacht?

GRÄFIN SCHULENBURG. Vorzüglich. Kein Schauspieler wäre geschickter. Seine Ekstase hat den Hof getäuscht.

DER KÖNIG. Vielleicht liebt er wirklich?

DIE GRÄFIN. Die gemalte Prinzessin ist ihm nicht stattlich genug! oder ich müßte ihn falsch kennen.

DER PRINZ VON WALES. Ihr kennt mich richtig.

DIE GRÄFIN *nahe bei ihm.* Auf Grund der Beweise, die Ihr mir gabt.

DER KÖNIG. Benehmt Euch! Man versteht nicht, was wir reden; aber man sieht uns zu.

DIE GRÄFIN *für die Pagen.* Seine Majestät bedarf keiner weiteren Dienste.

DER KÖNIG *als die Pagen gegangen sind.* Zu mir, teure Freundin! *Er liebkost sie.* Auch ich verlange meinen Anteil, mag der Junge mich beneiden.

DER PRINZ. Die Ehrfurcht vor Eurer Majestät verböte mir so plebejische Regungen. Unsere Sitten und Gebräuche sind höchst vornehm; sie sind nicht weniger veredelt und unbefangen als an den Höfen von Frankreich und Sachsen.

DER KÖNIG. Und schon ebenso lange. Meine Nichte in Berlin weicht von unserer Familienüberlieferung ab: sie bleibt ihrem schwachköpfigen Feldwebel treu.

DIE GRÄFIN. Laßt das häßliche Preußen fallen! Verbündet Euch gegen den König von Frankreich mit dem römischen Kaiser!

DER PRINZ. Unmöglich. Ihr, Frau Gräfin, seid zu schön, um so klug oder dumm wie ein Mann zu sein. Es ist an mir, die Staatsnotwendigkeiten zu begreifen und blutenden Herzens eine ungeliebte Frau zu nehmen.

DIE GRÄFIN. Bedauernswerter Prinz! *Nicht für den König.* Ich tu mir noch mehr leid.

DER PRINZ. Die Kaufleute der City beherrschen unser Parlament und dieses freie Land; sie befehlen mir zu heiraten: man sagt, die Prinzessin Wilhelmine, meint aber die preußische Armee. Wir haben auf dem Continent keine andere.

DER KÖNIG *gekränkt.* Mein Sohn vergißt die hannoversche. Ich weiß nicht, woher die preußische ihren unverdienten Ruf erlangt hat. Der Prinz soll an die Spitze der hannoverschen Armee treten und sie gefürchtet machen, mehr als die preußische.

DER PRINZ. Die Kaufleute verbieten mir, England zu verlassen. Wir sind hier neu, der Tod der Königin Anna hat uns vor kurzer Zeit auf den Thron erhoben, und in Paris wartet der Prätendent Stuart auf unseren ersten Fehler, um uns zu stürzen und abzulösen.

DER KÖNIG. Wir werden keinen begehen, der Prinz von Wales verläßt England niemals mit meinem Willen.

DER PRINZ. Gegen Euren Willen denn? Das nennt man Flucht.

DIE GRÄFIN. Wie schrecklich!

DER KÖNIG. Es geht nicht anders. Ich bin erfahren und alt. Sogar die Kaufleute der City werden verstehen, daß ein Vater nichts dafür kann, wenn sein Sohn ohne Erlaubnis abreist. Laut werde ich verkünden, daß wir uneinig waren.

DIE GRÄFIN. Worüber? Nicht über mich. Wir verstanden uns prächtig alle drei.

DER KÖNIG. Über Euch, meine gute Freundin, oder eine andere Kleinigkeit. Nur fliehen muß der Prinz nach Hannover; nur dort soll er die Prinzessin von Preußen heiraten und im Kurfürstentum residieren.

DER PRINZ. Weil sonst –

DER KÖNIG. Weil sonst der Kronprinz von Preußen sich einnisten wird im Kurfürstentum. Die Bedingung ist schon gestellt worden, für den Fall seiner Verheiratung mit meiner Tochter. Ihr wißt, was das heißt.

DER PRINZ. Daß Hannover an Preußen verlorengeht. In England aber sitzen wir noch keineswegs fest. Eure Majestät denkt wahrhaftig weise; ich werde weise handeln. Ich ergreife die Flucht.

DIE GRÄFIN. Himmel! Getrennt auf ewig.

DER PRINZ. Ich bin gewiß, daß mein weiser Vater Euch Urlaub nach Hannover gibt.

DER KÖNIG. Alles wäre umsonst, wenn meine britischen Minister erführen, das Spiel ist abgekartet. Meine Nichte, die Königin von Preußen, darf nicht reden, daß mein Sohn zu flüchten gedenkt.

DER PRINZ. Ihrem Gatten, dem Feldwebel, sagt sie sicher nichts. Sagt sie es aber ihrem unbedeutenden Kronprinzen: dem glaubt der Alte kein Wort.

DER KÖNIG. Meinem Gesandten könnte sie sich anvertrauen: Da ist die Gefahr. Mein Gesandter, wie die Konstitution es will, berichtet nicht mir, sondern meinen Ministern. Der ganze feine Plan fiele ins Wasser. Wie schwer ist es doch, ein freies Land zu betrügen!

13. Beim König von Preußen, wie vorher

Der König. Friedrich. Dann Hausmeister Eversmann.

FRIEDRICH *tritt ein.* Eure Majestät geruhten, mich gnädigst herzukommandieren.

DER KÖNIG. Wer sagt Ihm, daß ich gnädig bin. *Er hebt den Stock, rechtzeitig besinnt er sich.* Laß Er sich ansehen. Ich will wissen, was Er eigentlich vorstellt: einen Kalbskopf oder vielmehr einen Fuchs.

FRIEDRICH. Sire! Ich hatte Fechtstunde. Das ist alles, und so verbring' ich mein Leben in Eurem schönen Wusterhausen.

DER KÖNIG. Ist Er nicht preußischer Offizier? Er hätte genug zu tun mit Drill und Dienst. Von meinen Treibjagden drückt Er sich. Was tut Er auf der Welt? Ob Er lebt oder nicht, mein Preußen ignoriert Ihn. Er wird es nicht größer machen.

FRIEDRICH. Gerechter König! Die Väter richten die Söhne. Beide aber erwarten ein höheres Gericht.

DER KÖNIG *ängstlich.* Vor dem Thron Gottes. Amen. Wenn es Sein Wille ist, kommst du vor mir hin.

FRIEDRICH. Das könnte wohl geschehen. Die Versuchung

naht mir, freiwillig in Gottes Arm zurückzukehren, da ich meinem König so sehr mißfalle.

DER KÖNIG. Droh' Er mir!

FRIEDRICH. Kniefällig bitte ich Euch, den grausamen Haß fallenzulassen. Außer unbewußten Vergehen hab ich mir keine vorzuwerfen.

DER KÖNIG. Unbewußt hat Er dem Prinzen von Wales das Bild geschickt.

FRIEDRICH *erschrickt und weicht nach dem Ausgang.* Schreckliches Verhängnis!

DER KÖNIG *packt ihn und holt ihn zurück.* Seine eigenen Untaten nennt der Heuchler ein Verhängnis.

FRIEDRICH. Eure Spione belügen Euch. Kein Mensch an diesem Hof, dem ich trauen darf. Ihr glaubt dem ersten besten, wenn er nur mich verleumdet.

DER KÖNIG. Endlich gesteht Er, daß Er gegen mich Vertraute hat. Ich weiß, von meinem Sohn und Erben bin ich verraten. Öffne Er nunmehr Sein böses Herz, oder Seiner Rechte auf meine Nachfolge laß ich Ihn verlustig erklären.

FRIEDRICH. Geht das ohne die Erlaubnis des Kaisers? Steht Eure Majestät so gut mit ihm?

DER KÖNIG *erstarrt. Bricht in Jammer aus.* Barmherziger Gott! Was ich immer gesündigt habe, strafe mich nicht zu hart in diesem Nichtswürdigen!

FRIEDRICH. Erweist mir die Gnade, die Ihr für Euch erfleht! Gott hält von uns allen wenig.

DER KÖNIG. Wie? Was? Süffisant zu replizieren versteht Er! Die Eloquenz hab ich Ihn leider lehren lassen. Aus Seiner Bosheit kommt Ihm der esprit. Nieder mit Ihm! Er soll mir den Staub von den Stiefeln küssen.

FRIEDRICH *gehorcht.*

DER KÖNIG. Der tut es. Die Ramen mit ihren vierundzwanzig Ahnen war sich zu gut.

FRIEDRICH *über den Füßen des Königs.* Die also. Der Grumbkow wär auch imstand. Ihm aber hab ich gesagt, daß ich den Cäpten hasse.

DER KÖNIG. Was war das? Auf! Strammgestanden, der lieutenant en second vor seinem König! Jetzt ist es heraus: Er hat dem Wales das Bild geschickt. Das war ein Stück Arbeit, bis der verstockte Bursche sich zur Wahrheit bequemt.

FRIEDRICH *hat einen Augenblick strammgestanden; fällt in die schlaffe Haltung zurück.* Melde gehorsamst: so kindisch bin ich nicht, daß ich einer anderen Person als der allerhöchsten Eurer Majestät jemals die Wahrheit schenke: sie ist ein zu kostbares Gut.

DER KÖNIG. Weshalb Er's auch gar nicht besitzt. Er weiß selbst nicht, wo es Ihn sticht, daß Er mich mit Seinen Verrätereien in halsbrecherische Staatsaffären verwickelt.

FRIEDRICH. Halten zu Gnaden, mein Grund ist, daß der Würfel fallen muß, für England oder für den Kaiser. Ich liebe keinen der zwei.

DER KÖNIG *rennt umher.* Ich auch nicht. Entscheide sich der Teufel.

FRIEDRICH. So hat er denn entschieden. Der Cäpten wird fliehen – zu uns.

DER KÖNIG. Und ich bekomme Krieg mit dem Kaiser.

FRIEDRICH. Der oder ein anderer. Eine so große Armee wie die Eure kann nicht immer Gewehr bei Fuß stehen.

DER KÖNIG *als ob er allein wäre.* Meine Ahnung. Die darf ich mir selbst nicht nachsprechen. Was gefügt ist, kommt leise. Wer will hier laut reden? *Sieht Friedrich.* Der? *Drohend.* Der wagt das Maul aufzureißen: der effeminierte Kerl? Malpropper und bauernstolz. Frisiert sich; schneidet Grimassen. Wiederhol' Er Seine Worte!

FRIEDRICH. Votre Majesté a eu des bourdonnements d'oreilles. Ich sagte nichts.

DER KÖNIG. Sein Glück. Weh Ihm, wenn ich glaubte, Er wolle mir die Liebe meiner Armee stehlen. Meinen Offizieren schnelles Avancement und Ruhm im Krieg versprechen. Da soll doch das Donnerwetter!

FRIEDRICH *weicht dem erhobenen Stock des Königs aus.* Eure Offiziere achte ich höher, als Ihr meint; bin auch selbst einer und kenne meine Würde. *Mit der Hand schiebt er den Stock weg.*

DER KÖNIG. Hinaus!

FRIEDRICH *gehorcht eilig und schließt die Tür.*

DER KÖNIG. England gegen mich aufhetzen, meine Armee mir abspenstig machen: und ich laß ihn gehen? Die verdienten Prügel sind unterblieben, begreif' es, wer kann. Aber Aufseher bekommt er. Soll nicht mal mehr mit seinem Herrgott ein geheimes Wort sprechen. *Er zieht die Klingelschnur.*

HAUSMEISTER EVERSMANN *von Ansehen zwischen Unteroffizier und Lakai.* Majestät befiehlt?

DER KÖNIG. Nach Berlin. Allesamt. Sofort.

EVERSMANN. Wird nicht gehen, an Eurer Kutsche ist ein Rad gebrochen.

DER KÖNIG. Unsinn, Eversmann. Er will sagen: Sein Mittagessen wartet. Meines auch.

EVERSMANN. Ungegessen reisen ist unbekömmlich. In Eure Tabagie heut abend kommt Ihr immer noch.

DER KÖNIG. Aber allein will ich essen. Der Kronprinz hat sich schlecht aufgeführt. Seine Schwester auch. Mit der Königin bin ich unzufrieden. Jeder soll für sich allein essen.

EVERSMANN. Und nicht zu gut.

DER KÖNIG. Ha! Bedien' Er die andern nur, wie Er's versteht.

14. Zimmer der Prinzessin Wilhelmine

Wilhelmine. Friedrich. Dann Eversmann.

FRIEDRICH. Es war entsetzlich.

WILHELMINE. Hat er –?

FRIEDRICH. Mich geschlagen? Diesmal ging es vorüber. Lange will ich es nicht mehr dulden.

WILHELMINE. Wir müssen. Heut hab ich's überstanden.

FRIEDRICH *umarmt sie.* Unglückliche Prinzessin. Eure Qualen sollen enden. Erfahrt denn, daß der Prinz von Wales hierher unterwegs ist und Euch heiraten wird.

WILHELMINE. Gegen den Willen seines königlichen Vaters: das tut kein Prinz. Denkt, was Ihr selber tätet.

FRIEDRICH. Ich? Zu wem sollt ich flüchten? Hasenfuß, der ich bin, dépourvu d'amis sûrs, et avec ces espions qui m'entourent.

WILHELMINE. C'est notre destin qui le veut ainsi. Vous n'avez que moi. Je n'ai, pour m'y reposer, que le cœur de ce frère bien-aimé.

FRIEDRICH. Oh! tendresse innommable. Sensibilité jamais satisfaite. Je vais mourir, et n'aurai pas connu l'amour.

WILHELMINE. Laissez-moi. Vous me faites peur.

FRIEDRICH. Pardonnez à ma détresse. C'est elle seule qui m'égare.

WILHELMINE. Je vous adore. Jamais je n'oublierai que je suis à vous, et à vous seul. Je vous veux grand; advienne que pourra, j'aurai été heureuse.

FRIEDRICH. L'heure inoubliable, et sans retour. Hélas! il faut nous séparer.

WILHELMINE. Qu'est-ce qui vous prend. Ihr meint doch nicht im Ernst, ich sollte heiraten, an einen glänzenden und sittenlosen Hof, der mich demütigen wird.

FRIEDRICH. Königin von England.

WILHELMINE. Ich bin nicht ehrgeizig.

FRIEDRICH. Die Ehre ist für den Hof von Saint-James, wenn er Euch bekommt.

WILHELMINE. Ihr, mein einziger Freund, werdet mich der Politik nicht opfern.

FRIEDRICH. Wir opfern nie: wir nehmen. Dort drüben bildet man sich ein, die Verbindung unserer Häuser werde aus Preußen eine britische Provinz machen. Am Ende verwandeln wir England in eine preußische.

WILHELMINE. Euer weitblickender Geist! Mir schwindelt.

Die Tür wird von dem Wachposten draußen aufgerissen.
EVERSMANN *trägt das Brett mit dem Essen auf seiner Schulter.*

FRIEDRICH. Was fällt Ihm ein. Will Er wohl ehrerbietig servieren.

WILHELMINE. Und nicht hier. In den Gemächern der Königin!

EVERSMANN. Befehl Seiner Majestät. Jeder ißt hübsch für sich.

WILHELMINE. Der Kronprinz allein? Ich ohne ihn? Daraus wird nichts. Nehmt alles wieder mit.

EVERSMANN *richtet den Tisch her.* Dachte mir schon: die Prinzessin hungert lieber. Sollen denn in Gottes Namen beide Hoheiten dieselbe Schüssel haben.

FRIEDRICH. Laß Er den Namen, halt' Er sich an den Befehl.

EVERSMANN. Ich nehme den Ungehorsam auf meine Kappe, als ein rechter Biedermann, und wär ich der einzige.

WILHELMINE. Er ist eher ein Ekel.

FRIEDRICH. Er gibt dem König boshafte Ratschläge.

WILHELMINE. Die Suppe ist trübes Wasser, kein Fettauge oben.

EVERSMANN. Seht nur gut zu, die Majestät hat höchstselbst hineingespuckt.

FRIEDRICH. Damit wagt Er sich her, Kerl!

EVERSMANN *höhnisch*. Aus gutem Willen verrat ich mich an Euch.

FRIEDRICH UND WILHELMINE *kehren ihm den Rücken*.

EVERSMANN *faltet die Hände auf dem Magen und wartet*.

WILHELMINE. Nous n'y couperons pas d'en manger.

FRIEDRICH. Si. C'est à ce gredin que je ferai avaler cette saleté.

WILHELMINE. Vous n'en ferez rien. D'abord, il rapporterait la chose à son maître.

FRIEDRICH. Enfin. Nous serions trop bons de nous priver de nourriture. *Er geht zum Tisch*.

WILHELMINE *setzt sich*. Il est vrai qu'il n'y a que les os à ronger.

FRIEDRICH. Et ils sentent mauvais. Pauvre sœur! Tout à l'heure nous causâmes de couronnes à nous partager.

WILHELMINE. An diesem Knochen hängt etwas Fleisch. Nehmt ihn, mein Bruder.

Sie nagen. Eversmann grinst.

15. Die Landstraße nach Berlin

Zwei Wagen: in dem ersten der König, mit Seckendorf und Grumbkow; beim Kutscher: Eversmann. In dem zweiten Wagen: die Königin. Friedrich. Wilhelmine; beim Kutscher: Pagen. Dem Wagen voraus: Läufer. Hinten darauf: Lakaien. Um sie her: Berittene.

DER KÖNIG. Mir ist nicht wohl. Wär es wieder meine Nierenkolik?

GRUMBKOW. Eure Majestät kehrt vor der Zeit in die Hauptstadt zurück.

DER KÖNIG. Ihr alle nötigt mich, mit Euren verdammten Intriguen.

SECKENDORF. Ein tüchtiges Gelage wird Euch in Laune versetzen. Die Majestät des Kaisers weiß es zu schätzen, wenn ihr Gesandter Euch bewirten darf.

GRUMBKOW. Hoher Besuch ist angekündigt.

DER KÖNIG. Ich will nichts wissen. Gerade der macht mich krank.

Seckendorf und Grumbkow verständigen einander stumm.

GRUMBKOW. Ich wage mich zu wundern. Der Zar von Rußland ist aus Holland abgereist; er erbittet die Gastfreundschaft Eurer Majestät.

DER KÖNIG. Viel Ehre. Den hatt' ich vergessen. Wie kommt es doch, daß ich vergebens werben muß um die Gnade des dummen Jungen, des Kronprinzen?

SECKENDORF. Dumm möcht ich ihn nicht nennen.

DER KÖNIG. Unbotmäßig. Sittenlos.

GRUMBKOW. Es ist das Jünglingsalter. Er braucht die natürlichen Vergnügungen seiner Jahre.

DER KÖNIG. Weiber, wollt Ihr sagen.

GRUMBKOW. Sie wären das Mittel, ihm die Politik zu verleiden.

SECKENDORF. Ein Gedanke: Der König von Polen erwartet mit Freuden Eure Majestät und den Kronprinzen.

DER KÖNIG. In Dresden? An dem üppigsten Hof Europas? Eine Lasterhöhle.

SECKENDORF. Gewiß ist König August der Vater einiger natürlicher Kinder.

DER KÖNIG. Einer Unzahl. Mein christliches Gefühl erschaudert.

SECKENDORF. Ebenso gewiß besitzt der Kurfürst von Sachsen, König von Polen, einen beträchtlichen Einfluß bei kaiserlicher Majestät.

DER KÖNIG. Ihr meint: er soll auch mich zum Vasallen des Wiener Hofes machen. Jeder denkt nur an sich. Der Grumbkow will es bequem haben und corrumpiert mein

unschuldiges Kind. Ihr, Graf Seckendorf, möchtet cavalièrement mit mir umspringen. Nichts da. All meine
Sorge ist Preußen; mein Haus; die Liebe des Kronprinzen. Lieben soll mich der Racker.

In dem zweiten Wagen

DIE KÖNIGIN. Habt auch Ihr beide so schlecht gegessen?

WILHELMINE. Man kann es nicht wohl anders nennen.

FRIEDRICH. Il faut croire que j'avais irrité le roi. Cela me
fait de la peine d'avoir causé du désagrément à Votre
Majesté.

WILHELMINE. Mein Bruder tut sich Unrecht. Aber ich
werde immer dünner.

DIE KÖNIGIN. Bald sollst du dein Gewicht wieder einholen:
uns stehen Festlichkeiten bevor.

WILHELMINE. Davor ist mir bange; das zehrt an mir.

FRIEDRICH. Nur gut, daß die Ramen uns nicht hört.

DIE KÖNIGIN. Sie folgt mit den anderen Ehrendamen, den
Offizieren, enfin, mit dem Hofstaat.

FRIEDRICH. Parmi tout ce monde il n'y a qu'un seul être
auquel je confierais un secret de quelque importance.

DIE KÖNIGIN. Qui voulez-vous dire?

FRIEDRICH. L'idiot du village: celui qui vous fait pouffer
de rire en dévorant un cochon de lait tout cru.

DIE KÖNIGIN *lacht.* C'est crevant. *Zögernd.* Mein Sohn,
ich verstehe Eure Anspielungen. Madame de Ramen
m'aurait trahie?

WILHELMINE. Wie schon oft. Liebe Mutter, Eure Ehrendamen sind eine Pest. Die Leti schlug mich; sie wusch mir
das verquollene Gesicht mit einem scharfen Wasser. Jetzt
ist sie in England, bei Lady Arlington, die uns haßt;
beide schwören, ich sei bucklig.

DIE KÖNIGIN. Der Prinz von Wales weiß es besser: er liebt Euch. Nächste Woche wird er hier sein, spätestens die übernächste.

FRIEDRICH. Madame, le commerce des princes aurait dû vous désabuser. Glaubt Ihr, daß ich aus Liebe zu einer unbekannten Prinzessin mein Königreich fliehen würde? Peut-être que je juge des autres par moi-même. Je soupçonne cette affaire d'avoir des dessous redoutables.

DIE KÖNIGIN. Ihr seid naseweise.

FRIEDRICH. Tout jeune que je suis, j'ai appris à me méfier des trappes et des pièges.

WILHELMINE. Der Kronprinz fürchtet mit Recht die Fallen und die Stricke. Die Welt legt sie uns immer.

DIE KÖNIGIN. Warum schickte der Kronprinz Euer Bildnis dem Prinzen von Wales?

WILHELMINE. Weil er nicht erträgt, daß andere die Schwester mißachten, die er liebt. Was er tat, der Ramen hat er's nicht erzählt.

FRIEDRICH. Sie hätte mich dem König verraten. Man schweigt besser.

DIE KÖNIGIN. Eure Vorwürfe sind impertinent und sie schmerzen mich. *Sie weint.*

FRIEDRICH. Meine angebetete Mutter! Reumütig erflehe ich Eure Verzeihung.

DIE KÖNIGIN. Der Prinz von Wales genießt viel Freiheit. Sein königlicher Vater ist auch sein Freund.

WILHELMINE. Der König, unser Vater, ist auf uns eifersüchtig, weil Eure Majestät hinter seinem Rücken unser Schicksal bestimmen möchte.

DIE KÖNIGIN. Mais vous rêvez.

FRIEDRICH. Leider träumt meine Schwester nicht. Der König läßt mich seine Eifersucht fühlen, sous quelque rapport que ce soit. Ich darf nicht beliebt sein.

Ein Regiment Grenadiere marschiert in ganzer Breite der Straße herbei. Der Wagen des Königs hält in einer Ausbuchtung an. Baumkronen verdecken ihn. Der zweite Wagen überholt den ersten. Ein junger Offizier gibt das Kommando, Platz zu machen und die Gewehre zu präsentieren.

DER OFFIZIER *den Degen geschwungen.* Hoch unser Kronprinz!

DIE GRENADIERE *wölben angestrengt die Brust; sie recken die Köpfe so hoch sie können und stoßen unartikulierte Laute aus.*

EIN ANDERER OFFIZIER. Für unseren Kronprinzen stirbt freudig sein Regiment.

DIE KÖNIGIN *zu Friedrich.* Ihr müßt Euch den Leuten zeigen.

FRIEDRICH *grüßt hinaus; verbirgt sich gleich wieder.* Das wird nicht gut ablaufen. Gare la casse.

DER KÖNIG. Sein Regiment? Es ist meines. Wie macht es der Kronprinz, daß sie ihm Vivat rufen?

GRUMBKOW. Absalom, der seinem Vater das Herz der Männer in Israel stahl.

DER KÖNIG. Er haßt den Soldatenstand, und die Kerls rufen ihm Vivat.

GRUMBKOW. Ich muß zugeben, daß er die Uniform, das Ehrenkleid des Königs, zuweilen seinen Sterbekittel nennt.

SECKENDORF. Grumbkow, Ihr petzt und hetzt. Der Kronprinz liebt nicht die Soldaten, aber die Menschen. Wo er kann, verbietet er das Spießrutenlaufen.

DER KÖNIG. Das hat noch gefehlt. Eversmann!

EVERSMANN *klettert vom Kutschbock.* Befehl, Majestät.

DER KÖNIG. Auf der Stelle den Regimentskommandeur!

EVERSMANN. Befehl, Majestät. *Er geht zu dem Kommandeur.* Der König ist da: Ihr habt nicht gut hingesehen.

DER KOMMANDEUR *heftig erschrocken*. Was will er von mir?

EVERSMANN. Euch sein Vergnügen aussprechen. Ich komme nur in solchen Fällen.

DER KOMMANDEUR *beim König*. Befehl, Majestät.

DER KÖNIG. Er will kassiert und nach Spandau geschickt werden: ich seh's Ihm an!

DER KOMMANDEUR. Gnade! die jungen Lieutenants lassen sich hinreißen von ihrer Begeisterung.

DER KÖNIG. Für wen? Für mich, versteht Er? Für mich soll man sich begeistern.

DER KOMMANDEUR. Zu Befehl.

DER KÖNIG. Er alter Saufaus ist nicht wert, mein Regiment zu führen. Komm' Er um seinen Abschied ein.

DER KOMMANDEUR. Allergnädigster König! Ich habe Kinder.

DER KÖNIG. Das Unglück müssen wir tragen. Eure Lieutenants kriegen Stubenarrest. Das Regiment soll strafexercieren. Wird's bald?

DER KOMMANDEUR. Untertänigsten Dank. *Er geht.*

DER KÖNIG. Eversmann!

EVERSMANN. Da ist Euer Eversmann. Seine Hoheit der Kronprinz soll vierundzwanzig Stunden das Zimmer hüten?

DER KÖNIG. Achtundvierzig, hätt ich gesagt.

SECKENDORF. Möge Eure Majestät vierundzwanzig genug sein lassen.

GRUMBKOW. Ich bitte gehorsamst für Seine Hoheit.

DER KÖNIG. Eversmann! *Ihm ins Ohr.* Bring' Er dem Kronprinzen den Befehl, wenn die Königin nicht zuhört. *Das Regiment ist vorbei, der Wagen der Königin abgefahren. Der Wagen des Königs folgt.*

DER KÖNIG. Wen ich auszeichne, den mißachtet er; der Bestraften nimmt er sich an. Absalom, sagt Ihr? Absalom verfing sich mit den Haaren im Baum.

FRIEDRICH. Nur den Stock nicht! Wenn er mich anrührte, ich nähme mir ein Beispiel an dem Prinzen von Wales!

16. Im Berliner Schloß: das »silberne Cabinet«

Die Königin hält Cercle. Zugegen sind die Herren und Damen von Kameke, von Wartensleben, von Schulenburg, von Arnim. Später erscheinen: Graf Finckenstein, Oberst von Kalckstein, Friedrich. Zuletzt: der englische Gesandte.

OBERHOFMEISTERIN VON KAMEKE. Befiehlt Eure Majestät die Whistpartie?

DIE KÖNIGIN. Immer das gleiche. Ich verliere mehr Geld, als ich habe, an Euch, meine gute Kameke; und ist es nicht meine Oberhofmeisterin, die den Gewinn einsteckt, was ihr von Herzen gegönnt sei, dann mach' ich das Vergnügen unserem lieben Feldmarschall.

WARTENSLEBEN. Im Gegenteil. J'aurai bientôt perdu jusqu'à ma dernière chemise.

DIE KÖNIGIN. Vous ferez votre jeu tout nu; vous n'allez donc pas y renoncer pour si peu. On connaît les vieux braves.

FRAU VON ARNIM. Die Königin ist gut aufgelegt. Wie wär es mit einem Pfänderspiel? Wir stellen Schäferinnen und Schäfer vor: es ist die Mode.

ARNIM. Der Schäfer, der das Geheimnis seiner Dame richtig errät, bekommt von der Schäferin einen Kuß; wer es verfehlt, eine Ohrfeige.

SCHULENBURG. Umgekehrt, Arnim, umgekehrt. Die Geheimnisse der Damen soll man achten.

FRAU VON KAMEKE. Ihr selbst, Herr von Schulenburg, tut geheimnisvoll.

SCHULENBURG. Ich schweige; nur meine Frau kann ihre Zunge nicht hüten.

DIE KÖNIGIN. Beste Schulenburg, ich erlaube Euch zu reden. Wir sind im engsten Kreis. Dies heißt die Partei der Königin, jeder hier wünscht wie ich die Verbindung der Häuser Brandenburg und Hannover.

FRAU VON SCHULENBURG. Ich weiß doch nicht.

KAMEKE *ein Herr mit lauernder Miene*. Erhieltet Ihr wohl gar gute Botschaft aus England?

FRAU VON SCHULENBURG. Da die Majestät der Königin es mir gestattet: ja, von meiner Cousine, die dem König Georg nahesteht.

WARTENSLEBEN. Respekt. Seine Maitresse. Respekt.

DIE KÖNIGIN. Ich muß es selbst sagen, sonst sprengt die Freude mein Herz. Der Prinz von Wales ist wirklich unterwegs zu uns. Nicht auf der Flucht: abgereist im Einverständnis mit seinem königlichen Vater. Dies schrieb uns die Gräfin.

KAMEKE. Nicht möglich. Dort drüben reden die Minister mit, so sagt man.

WARTENSLEBEN. Wenn aber die Gräfin will. La favorite attittrée.

KAMEKE. Zustände soll es geben, wo das Parlament stärker als die Maitresse ist.

DIE KÖNIGIN. Woher Euer anzügliches Gesicht, Kameke? Ich bin glücklich, daß meine Gegner betrogen sind.

KAMEKE. Ich noch glücklicher: je mehr Betrogene, um so besser.

FRAU VON ARNIM *zu Frau von Schulenburg*. Wen meint er mit den Betrogenen? Traut Ihr ihm?

FRAU VON SCHULENBURG. In seinem Beisein hätt ich nicht geredet. Er rapportiert dem König. Unsere gnädige Königin ist ohne Arg.

FRAU VON ARNIM. So wenige wir hier sind, wir sind zu viele.

FRAU VON SCHULENBURG. Ihre Majestät möge wenigstens den englischen Gesandten nicht eingeweiht haben!

FRAU VON ARNIM. Wär es ein ernster Zwischenfall?

FRAU VON SCHULENBURG. Kein Zwischenfall: das Ende.

FRIEDRICH *ist mit Finckenstein und Kalckstein eingetreten.* Eure Majestät bitte ich gehorsamst um ein Wort im Vertrauen.

DIE KÖNIGIN. Sprecht nur freiweg. Diese sind meine Freunde.

KAMEKE. Votre Altesse se trouve en présence du parti de la reine.

FRIEDRICH *mustert ihn von Kopf bis Fuß.* Woher der König wohl weiß, daß Oberst de la Roche verhaftet ist? Kassiert und eingesperrt.

DIE KÖNIGIN. Ich glaube kein Wort. Ihr seid falsch berichtet.

FRIEDRICH. Die Herren von Finckenstein und von Kalckstein kommen geradeswegs von Hannover, sie sahen es mit eigenen Augen.

DIE KÖNIGIN. Die Augen trügen.

KAMEKE. In Hannover war ich nicht. Wie sollt ich wissen.

FRIEDRICH. Le secret n'est plus gardé: parlons haut et clair. *Zu Finckenstein und Kalckstein.* Messieurs?

FINCKENSTEIN. Tatsache ist, daß der hannoversche Oberst beschuldigt wird, der Flucht des Prinzen von Wales Vorschub geleistet zu haben.

DIE KÖNIGIN. Damit Ihr es wißt: es ist keine Flucht.

KALCKSTEIN. Eure Majestät möge verzeihen: La Roche wurde arrestiert auf eigenen Befehl des Königs von England.

FRIEDRICH. Ein Verrat ohnegleichen. Der Prinz ist angehalten worden. S'il n'est pas aux arrêts, du moins le ministère le tient-il à l'œil.

DIE KÖNIGIN *nur für Friedrich.* Le roi votre père en est-il instruit?

FRIEDRICH. Cela dépend du choix que Votre Majesté a daigné faire de ses confidents.

FRAU VON KAMEKE *hat die Meldung eines Pagen entgegengenommen.* Der englische Gesandte bittet Eure Majestät sehr dringend um Gehör.

DIE KÖNIGIN *sinkt in ihrem doppelt breiten Sessel zusammen.* Tout est perdu.

FRAU VON KAMEKE. Eine Ohnmacht. Das Riechsalz! *Zu der Gesellschaft.* Qu'on nous laisse.

Die Anwesenden entfernen sich.

FRIEDRICH *zögert; entscheidet sich für einen anderen Ausgang.* Die Königin ist nicht wohl disponiert; ich will für sie den Gesandten anhören.

Im Nebenzimmer

FRIEDRICH. Chevalier, Ihre Majestät die Königin ist einverstanden, daß Ihr mir Euer Anliegen mitteilt.

DER GESANDTE. Kein Anliegen: eine Nachricht.

FRIEDRICH. Wir kennen die Neuigkeit und finden sie erstaunlich.

DER GESANDTE. Um Vergebung, Hoheit, die Dinge sind ihren ordentlichen Weg gegangen. Ihre Majestät hatte die Güte, mir anzuvertrauen, der Prinz von Wales gedenke in der Stille das Land zu verlassen.

FRIEDRICH. Ein merkwürdiger Einfall: mir war er bis heute unbekannt.

DER GESANDTE. Wirklich? Da Eure Hoheit es sagt, muß es wahr sein. Ihr habt den Plan des Prinzen nicht gekannt. Sobald sein Vorhaben mir eröffnet wurde, antwortete ich der Königin: ich werde mit schnellstem das Ministerium unterrichten.

FRIEDRICH. Das Ministerium! Die Königin konnte Eure

Worte unmöglich ernst nehmen. Seid Ihr nicht der Gesandte Eures Souverains?

DER GESANDTE. Was mein Souverain tut, verantworten seine Minister. Ihnen unterstehe ich.

FRIEDRICH. Je vois que vous êtes en république.

DER GESANDTE. Was nennt Ihr Republik?

FRIEDRICH. Den Staat, wo nicht ein einziger befiehlt, sondern mehrere. Setzt der König von England wenigstens seine Minister ein?

DER GESANDTE. Gewiß. Nach den Wünschen seines Parlaments.

FRIEDRICH. Und woher nimmt das Parlament seine Wünsche?

DER GESANDTE. Von seinen Wählern.

FRIEDRICH. Von der Straße.

DER GESANDTE. Wenn Ihr so wollt. Der Staat ist die öffentliche Sache.

FRIEDRICH. Preußen wird nicht von der Straße regiert. Aus dem Cabinet des Königs dringt nichts hervor.

DER GESANDTE. Eure Hoheit überzeugt sich vom Gegenteil. Die Königin von Preußen hat ihre eigene Politik und geruht mich einzuweihen! Ehrlich bekenne ich meine Pflicht, nach London zu berichten, und tue es.

FRIEDRICH. Habt Ihr es denn getan? Die Königin glaubt die ganze Geschichte nicht. Sie ist gar nicht erschrocken. Sie lacht nur über die Minen und Contreminen, die im Gange scheinen.

DER GESANDTE. Ihr verlangt von mir die Auskunft, die Eurer Jugend und Unerfahrenheit dienen kann, über die Einrichtungen eines freien Landes. Möge Eure Hoheit mir erlauben hinzuzufügen, daß Intriguen und unnütze Heimlichkeiten unserem Charakter widersprechen.

FRIEDRICH. Meinem auch. Meinem zuerst. Darum fällt es mir schwer, Seiner Hoheit dem Prinzen von Wales eine

Verschwörung gegen Seine Majestät den König zuzutrauen. Noch weniger ist anzunehmen, daß beide gemeinsam hinter dem Rücken des Ministeriums gehandelt hätten: was soviel hieße wie gegen den Willen des Parlaments und der Straße.

DER GESANDTE. Ihr äußert Eure Zweifel ironisch. Mein Auftrag hat einen ernsten Zweck: den drohenden Verwicklungen zwischen unseren beiden Ländern womöglich vorzubeugen.

FRIEDRICH. Drohungen, Sir Hotham, will ich nicht gehört haben.

DER GESANDTE. Beliebt es Eurer Hoheit, dann lest selbst die Depesche meines Ministers.

Er zieht ein Papier hervor. Von ihm unbemerkt, fällt ein zweites zu Boden. Friedrich setzt schnell den Fuß darauf.

FRIEDRICH *nachdem er das überreichte Schreiben gelesen hat, gibt er es zurück.* Ihre Majestät die Königin soll von Eurem Anliegen Kenntnis erhalten.

DER GESANDTE. Kein Anliegen: eher eine Warnung.

FRIEDRICH. Eine Warnung würde ich mich weigern weiterzugeben. Somit danke ich Ihnen, Chevalier. *Geste der Entlassung. Sobald der Gesandte fort ist, hebt Friedrich das entfallene Papier auf. Er läuft mit ihm in ein anderes Zimmer; sperrt die Tür ab. Er liest die Aufschrift.* An den König selbst. Versiegelt. Es handelt sich darum, ein Siegel zu erbrechen und es nachher auszubessern. Ce n'est pas la mer à boire. – *Er entschließt sich; öffnet den Brief; liest und reckt die Arme aufwärts.* Ihr Götter! Wieviel Falschheit muß ich noch lernen. Dieser alte Georg willigt auf einmal in die doppelte Verlobung mit Haus Brandenburg. Er folge den Gefühlen des britischen Volkes, das schreibt er eigenhändig. In Wirklichkeit verbieten seine Minister ihm, hannoversche Politik zu treiben. Er darf seinen Sohn nicht außer Landes schicken, sein Kurfürsten-

73

tum vor uns zu schützen. Um so weniger gedenkt er,
meine Schwester als Schwiegertochter aufzunehmen. Mein
ehrenwerter Oheim wiegt uns in Hoffnungen, damit wir
nicht zum Kaiser übergehen, und gleichzeitig betrügt er
sein England um das preußische Bündnis. Wer trägt den
Wisch in der Tasche? Derselbe Gesandte, der mir Vor-
trag hält über die Schädlichkeit des doppelten Spieles.
Nie, nie werd ich den Menschen so listig und boshaft
begegnen können wie sie mir. *Er besinnt sich.* Wenn der
König, mein Vater, den Brief liest, wird er alles glauben.
Er durchschaut die anderen nicht, nur mir mißtraut er.
Gleichviel, er soll ihn lesen. Er wird sich freuen, und
für eine Weile mag ich in Sicherheit sein vor seinem
Stock.

17. Monbijou, das Lustschloß der Königin

Alles hier ist zierlich. Bemalte Panneaux; kristallene Lü-
ster, die Fenster in Wolken leichter Vorhänge. Feder-
büsche nicken von den Betthimmeln. Die Schränke sind
voll kunstreicher Gegenstände aus Glas, die im Kerzen-
licht glänzen.

Die Königin. Prinzessin Wilhelmine. Nachher: Friedrich;
der König; Zar Peter der Große, die Zarin, das Gefolge.

DIE KÖNIGIN. Es wird spät.

WILHELMINE. Am Abend im Schimmer der Kerzen wird
Euer Schloß Monbijou den Zaren bezaubern.

DIE KÖNIGIN. Zar Peter kennt andere Herrlichkeiten. Er
kommt von Holland, dem reichsten Land. Er sah den Hof
in Versailles.

WILHELMINE. Er wird sich mit uns begnügen. Er soll ein
einfacher Herr sein: so denk ich mir die großen Männer.
Die Zarin muß natürlich in voller Pracht erscheinen.

74

DIE KÖNIGIN. Erwartet nicht zuviel. Die Vornehmeren sind wir doch. Hört Ihr nichts?

WILHELMINE *bei der offenen Balkontür.* Ein Wagen. Sie kommen. Das sind aber die Hufe von hundert Pferden.

DIE KÖNIGIN. Und ein Geschrei, wie eine Armee. Sie stürmen uns.

WILHELMINE. Es wird so schlimm nicht ablaufen. Der König und mein Bruder geleiten den hohen Besuch.

Im Vorhof des Schlosses langen Läufer und Reiter an. Ein Wagen fährt vor; draußen stauen sich andere. Als erster steigt Friedrich aus und eilt in das Haus.

FRIEDRICH. Mesdames! Le Czar de toutes les Russies.

DIE KÖNIGIN. Vraiment, ce géant-là? Mais il ne porte pas l'uniforme.

WILHELMINE. Il est bien de sa personne. Qu'est-ce que cette naine empêtrée dans ses falbalas?

DIE KÖNIGIN. Le roi lui tend la main. Ce serait donc la czarine?

FRIEDRICH. C'est Sa Majesté impériale qui a mis tout le monde en retard, s'ayant arrêté derrière un buisson, pour ses petits besoins.

WILHELMINE. La charmante simplicité! On ne cherche pas à nous en imposer. Je me sens tout d'abord en sympathie avec la cour de Russie.

DIE KÖNIGIN. Elle me paraît bien nombreuse: surtout les femmes. Il en pleut des femmes. Ce château sera plein comme un œuf.

Während der König mit dem Zaren und der Zarin auf das Haus zuschreitet, füllt der Vorhof sich mit derben Frauen, von denen die meisten ein Kind auf dem Arm tragen.

FRIEDRICH. Elles sont au nombre de quatre cents. Sa Majesté la Czarine m'a laissé le temps d'en faire le compte approximatif, tandis qu'elle était accroupie·dans son buisson.

DIE KÖNIGIN. A quoi tant de femmes peuvent-elles bien servir? Je n'en ai pas idée.

WILHELMINE. Vous voyez bien que ce sont des nourrices.

DIE KÖNIGIN. C'est tout à fait curieux.

FRIEDRICH *nur für Wilhelmine.* Pauvre maman! Son joli château sera abîmé par toutes ces filles de cuisine, et par les enfants que le czar s'est plu à leur faire.

WILHELMINE. Il en a fait tant que cela? C'est un homme étonnant. Je l'admire.

FRIEDRICH. Et moi donc.

ZAR PETER *tritt als erster ein. Er ist wie ein Matrose gekleidet.* Gibt es etwas zu trinken?

DIE KÖNIGIN *in tiefer Verneigung.* Eure Majestät hat zu befehlen. *Sie winkt den Lakaien, die an der Wand stehen.*

WILHELMINE *kniet hinter der Königin.* Ein furchtbarer Riese.

FRIEDRICH *beugt ein Knie.* Ich glaube, daß er schwach auf den Füßen ist. Unterwegs hat er nicht aufgehört zu trinken.

DER ZAR. Gut Freund, Frau Königin. *Er schüttelt ihr kräftig die Hand. Zu Wilhelmine, die er vom Boden aufhebt.* Du bist zu dünn, liebes Kind. Mehr essen! Deinem Bruder sagt' ich schon, daß er groß und stramm werden muß. Er sieht müde und ältlich aus. *Mit einem seiner Arme hält er Friedrich unter den Kronleuchter.* Blas die Lichter aus, Junge!

FRIEDRICH. Wenn gerade dieses Euer Lebenslicht wäre?

DER ZAR *läßt ihn fallen.* Eine böse Zunge.

DER KÖNIG *führt die Zarin herein.* Ich verstehe die kaiserliche Majestät nicht, wenn sie spricht.

DER ZAR. Sie Euch auch nicht. Das ist das sicherste, um einander zu lieben. Wann wird gegessen?

DER KÖNIG. Ihr werdet satt werden, nachher im Stadtschloß.

DER ZAR *leert einen Humpen.* Ihr seid eine schöne Familie; Ihr gefallt mir. *Er klopft den König auf den Bauch.*

DER KÖNIG *klopft zurück.* Ihr mir ebenso.

DER ZAR. Fahrt Ihr zur See, wie die Holländer? Holland ist das größte Land in Europa. Ich habe beschlossen, ein Matrose zu sein.

DER KÖNIG. Preußen hat Soldaten.

DER ZAR. Mit Soldaten schlug ich Karl den Zwölften von Schweden. Holland könnt ich nicht schlagen.

DER KÖNIG. England auch nicht.

DER ZAR. Die stärksten sind die Seemächte. Vertragt Euch mit ihnen.

DER KÖNIG. Ob ich möchte.

In dem Zimmer wird es eng. Die Frauen mit den Kindern haben alle anliegenden gefüllt, jetzt quellen sie in dieses über. Die königliche Familie wird in eine Ecke gedrängt.

DIE KÖNIGIN *ruft den König zu Hilfe.* Majestät! Es wird Zeit, daß wir nach Berlin aufbrechen.

Einige der Frauen ziehen an den Wolkenvorhängen und reißen sie herunter. Andere wälzen sich mit ihren Kindern auf den Betten. Andere nehmen aus den Schränken die gläsernen Gegenstände, jauchzen und zerbrechen sie.

DIE ZARIN *klein und mager, wirft sich aufgeregt zwischen alle die großen Personen, streichelt oder schlägt sie, unter hastigen, unverständlichen Reden. Zu der Königin gewendet.* Dumm. Alle deutsch. Alle dumm.

FRIEDRICH *zu Wilhelmine.* Cela vous amuse. On en a pour son argent.

WILHELMINE. Quels barbares que ces Russes!

FRIEDRICH. Pas plus que les autres. Je n'en excepte que les Français.

DER ZAR *führt die Königin an der Hand hinaus.* Ihr gebt uns ein schönes Schloß zu bewohnen. Wir erwidern Eure

Freundschaft. *Mit aufgerecktem Arm erreicht er einen Kristallüster und schlägt ein Stück ab.*

DER KÖNIG *führt die Zarin, die unverständlich plappert.* Scherz muß sein.

DIE KÖNIGIN *nach dem König umgewendet.* Qu'est-ce qu'il deviendra ce pauvre Monbijou.

DER KÖNIG. Votre Monbijou, perdautz. *Er nimmt abgefallenes Kristall auf und wirft es an die Decke.*

FRIEDRICH. A corsaire, corsaire et demi. *Er zerbricht Geschirr.*

WILHELMINE. So hab ich lange nicht gelacht. *Sie bekommt einen Scherben an den Kopf und weint auf.*

Den Abgehenden folgt das Klirren des Glases, das die Frauen und Kinder zerschlagen, und ihr fröhliches Geschrei.

18. Im Berliner Schloß

Ein Pfeilersaal, beleuchtet von Pechfackeln, die an den Wänden rauchen und tropfen. Von hinten nach vorn eine Tafel, beladen mit ungeheuren Zinnplatten: darauf Schweinsköpfe, Teile von Kälbern, Auerhähne im Gefieder. In der Mitte des Hintergrundes trägt die gewölbte Mauer ein Wappenschild mit großer Königskrone, zwischen Bündeln preußischer Fahnen. An ihrem oberen Ende ist die Tafel erhöht.

Unter der Krone thronen von links nach rechts: der König, der Zar, die Königin und die Zarin, die neben sich, aber tiefer als sie selbst, eine Fürstin Galitzin hat. Unterhalb des Königsthrones sitzt als nächster der Akademie-Präsident Gundling. Folgen links: Fürst von Anhalt; Minister von Grumbkow; der russische Graf Schuwalow; Friedrich. – Neben Friedrich, am unteren Ende der Tafel: Markgraf von Schwedt und Prinzessin Wilhelmine. – An

der rechten Seite der Tafel, zunächst der Prinzessin: der
Geistliche Francke; dann aufwärts die Gesandten Graf
Rothenburg, Graf Seckendorf, Sir Hotham (als Nachbar
der Fürstin Galitzin).

Links geht eine Reihe von Bogenfenstern auf Hof und
Exerzierplatz hinaus. Draußen manövriert ein Regiment
beim Fackellicht. Weiter hinten, unter Bäumen steht Artil-
lerie. Rechts von dem Saal der Monarchen, in einem ande-
ren, mit Lichtfunzeln schlecht beleuchteten Saal tafelt ihr
Gefolge: Preußen und Russen, nur Militärs. Bis in die
dunklen Hintergründe halten Soldaten, Gewehr bei Fuß;
Wachtposten werden abgelöst und stampfen auf.

Den Marschschritt haben auch die zahlreichen Speisenträ-
ger (Zopf, offenes Hemd, gestreifte Jacke). Sie zapfen
Bier und Wein aus Fässern in die Krüge. Es wird ge-
waltig getrunken, besonders bei dem Gefolge, das sich
fortwährend lärmender verhält. Vorn die Herrschaften
verständigen sich mit erhobenen Stimmen.

DER ZAR *aufgerichtet vor seinem Thronsessel, blickt aus*
dem geöffneten Fenster. An den Truppen Eurer Majestät kann ich mich nicht satt sehen.

Kommandos draußen. »Feuer!« *Eine Gewehrsalve.*

DER ZAR *fällt auf seinen Sitz.* Das kam pünktlich. Das habt
Ihr geübt.

DER KÖNIG. Ich bin zufrieden, daß Eurer Majestät der
preußische Drill gefällt. *Er trinkt aus.* Das Regiment
schießt zum Wohl Eurer Majestät.

DER ZAR. Eure Majestät ehrt mich nach Gebühr, mit allem, was sie hat und kann.

FRIEDRICH *für alle und keinen.* Excusez du peu.

WILHELMINE. Das Schießen wären wir gewöhnt. Aber die
Fackeln rauchen schrecklich. Ich bin vom Ruß ganz
schwarz.

MARKGRAF VON SCHWEDT. Wir sind zwei Stunden bei Tafel. Schöne Prinzessin, Ihr habt die weißeste Haut.

WILHELMINE. Ihr das finsterste Gesicht: noch finsterer als Euer Oheim von Anhalt.

DIE ZARIN *scherzt mit der Galitzin; als geschossen wird, hält sie sich die Ohren zu und kreischt.*

FÜRSTIN GALITZIN *kreischt.* Ich kann lauter.

AKADEMIE-PRÄSIDENT GUNDLING. Was gilt es, ich übertreffe Euch. *Er heult.*

DER KÖNIG *zum Zaren.* Das ist mein Feldmarschall Fürst von Anhalt: der hat meine Infanterie gedrillt.

DER ZAR. Er heult großartig.

DER KÖNIG. Der nicht. Der nächste, mit dem finsteren Gesicht.

DER ZAR. Gerade das Gesicht muß Euer General haben. Mit ihm versetzt Ihr Europa in Schrecken.

DER KÖNIG. Und schlag' es. Wann ich will. Wen ich will.

SECKENDORF *zwischen dem englischen und dem französischen Gesandten.* Seine Majestät ist bei Laune: sie schlägt uns.

GRUMBKOW *über den Tisch.* Der König scherzt. Wir pflegen das beste Einvernehmen mit Euren drei Majestäten, der großbritannischen, der apostolischen und der allerchristlichsten.

FRIEDRICH *unbestimmt, für wen.* Ein Minister lügt nicht immer. Ehrlich sind die Feigheit und das Geldbedürfnis.

WILHELMINE *im Rücken Schwedts, zu Friedrich.* Der König hat zuviel getrunken; der Zar auch.

GRAF SCHUWALOW *neben Friedrich.* Leider verträgt der Zar nichts.

FRIEDRICH *zu Schuwalow.* Der König ebensowenig. Vous aussi, Monsieur, vous adorez les écrivains français? C'est que je suis l'humble disciple du grand Voltaire.

Im Lärm verliert sich die Antwort Schuwalows und das weitere Gespräch.

DER KÖNIG. Heul' Er, Gundling!

GUNDLING *heult ganz fürchterlich.*

DER KÖNIG *stolz.* Mein Akademie-Präsident.

DER ZAR. Der Mann gleich neben Euch? Ihr ehrt Eure Gelehrten mehr als Eure Feldmarschälle.

DER KÖNIG. Wenn einer so gut heult.

ANHALT *zu Grumbkow.* Eine Schande, ich muß weiter unten sitzen als die lustige Person.

GRUMBKOW. Mein gnädiger König hört meine Vorträge mit Eifer. Das Geheul seiner lustigen Person ist ihm um so lieber. Wir sollten heulen lernen.

DIE FÜRSTIN GALITZIN. Ich kann mehr als er. *Sie schwingt sich auf das erhöhte Ende der Tafel, liegt vor der Zarin auf dem Tisch, streckt die Beine hoch und kreischt.*

DIE ZARIN *streichelt sie, schlägt sie und freut sich. Zur Königin.* Meine Närrin. Oh, schön!

DIE KÖNIGIN. Eure Majestät, Ihr könntet Euch schämen. Sind das wohlanständige Sitten? Eine Fürstin Galitzin, Eure Närrin.

GUNDLING *verschlingt Nahrung; die lange Perücke hängt ihm in den Teller. Mit vollem Mund.* Ein Akademie-Präsident, Eure lustige Person.

DIE KÖNIGIN *abgewendet, hoheitsvoll.* Und der Zar ißt mit den Fingern.

DER ENGLISCHE GESANDTE *an der Zarin vorbei, für die Königin.* Eure Majestät darf offen reden: die Kaiserin versteht kein Wort.

DIE KÖNIGIN. Sir Hotham, ich bin aus dem vornehmsten Hause Deutschlands. Das Haus Hannover bevorzugt die Sitten des Hofes von Saint-James.

DER ENGLISCHE GESANDTE. Die Narren sollten auch wir wieder einführen. Wer lacht, der sündigt inzwischen nicht.

DER KÖNIG. Wieder überfressen; die Verdauung wird be-

schwerlich sein. *Er ruft nach vorn.* Francke! Euer geist-
licher Zuspruch.

DER GEISTLICHE FRANCKE *an der Tischecke rechts, zwischen Wilhelmine und dem französischen Gesandten, erhebt sich, um zu predigen.* Ihr seid allzumal verfressene,
bezechte Sünder. Öffnet Eure illustren Ohren, damit Euch
die Trunksucht und Völlerei noch diesmal nachgesehen
werde. Die himmlische Geduld hat Grenzen.

DER ENGLISCHE GESANDTE. The drunkard and the glutton
shall come to poverty.

FRANCKE. Die Ihr zu Pferde sitzt und die Wildsau jagt,
Ihr Großen dieser Erde, seid wert, auf Euren Knien zu
liegen und zu harren, bis die Sau Euch näßt. Eure Mit-
geschöpfe zu jagen, steht Euch gar nicht an; denn wahrlich, Ihr selbst werdet, noch ehe der Morgen graut, zur
Strecke gebracht sein von Euren Lastern und Missetaten.
Die Liebe des Herrn aber währet ewiglich.

DER KÖNIG *schlägt sich an die Brust.* Amen.

DER ZAR *kämpft mit seinem Übelbefinden. Zum König.*
Ist Euer Heiliger wundertätig, dann schenkt ihn mir. Ich
brauch' ihn gegen den bösen Geist.

*Von dem Gefolge im Saal nebenan treten viele abwech-
selnd unter die Tür, hören zu, rufen »Amen!« und kehren in das lärmende Gelage zurück. Auch an der Tafel der
Majestäten nimmt man die Unterhaltungen wieder auf.*

FRANCKE *bemüht, die Aufmerksamkeit festzuhalten.* Ich
seh' Euch dasitzen wie Gespenster.

DER KÖNIG. Schweig' Er! Die Wildsau rutscht mir glücklich durch den Magen.

FRIEDRICH *macht sich mit Wilhelmine lustig über Francke.*
Der glaubt an Gespenster. *Für seinen Nachbarn, den Grafen Schuwalow.* Ich nur an das Genie. Notre grand Voltaire est un des plus beaux génies du siècle.

SCHUWALOW. Mes tragédies sont dans sa manière, mais je

le dépasse de la tête. C'est lui qui m'en donna l'assurance alors que j'eus l'honneur de l'approcher.

FRIEDRICH. Vous l'avez vu. Je n'ose pas en espérer tant.

DER FRANZÖSISCHE GESANDTE *schräg gegenüber.* Monseigneur, votre auteur serait extrêmement flatté de vous connaître.

FRIEDRICH. Vous n'y pensez pas. Les dieux se dérobent aux regards des mortels.

DER FRANZÖSISCHE GESANDTE. Vous êtes enthousiaste.

SCHUWALOW. Et quelque peu provincial.

FRIEDRICH. Hélas.

SCHUWALOW. Monsieur de Voltaire se glorifie d'être l'amant d'une dame de condition.

DER FRANZÖSISCHE GESANDTE. Er hat Stützen bei Hof. Dem König Louis gefällt er nicht.

FRIEDRICH. Si je pouvais l'avoir auprès de moi, je me croirais comblé par la fortune.

DER FRANZÖSISCHE GESANDTE. Ich will es melden.

FRIEDRICH. Und sagt dem König von Frankreich, daß ich ihm ganz ergeben bin.

DER FRANZÖSISCHE GESANDTE. J'en ferai le rapport. Grâce à vous, Monseigneur, cette cour sera parmi les plus policées.

FRIEDRICH. Was gibt es in Berlin zu sehen? Seiltänzer, und den Hanswurst. Die Tragödien von Voltaire muß ich mir selbst vorsprechen.

FRANCKE *erhebt sich ungerufen.* Dem Herrn das größte Ärgernis sind die Komödien, besonders die französischen: sie ahmen frevelhaft seine Schöpfung nach. Tötet noch eher seine Geschöpfe!

FRIEDRICH *springt auf.* Er, Tartuffe, soll die Wildsau sein. Lauf' Er! *Er treibt Francke vor sich her. Sie werden getrennt durch das Dazwischentreten des Ministers Grumbkow, infolgedessen Francke entwischt.*

GRUMBKOW *verläßt seinen Platz, hält Friedrich auf.* Hoheit! Ihr werdet den König erzürnen. Wollt Ihr niemals weise sein?

FRIEDRICH. Weise, jetzt schon? Dies ist das Alter, die Augen aufzumachen. Ich sah, wie der Tartuffe, den Ihr entwischen laßt, dem englischen Gesandten einen Brief stahl.

GRUMBKOW. Dem Gesandten, dieser fromme Mensch?

FRIEDRICH. Der Gesandte ließ den Brief zu Boden fallen. Mein Heuchler den Fuß darauf setzen, war eine Kleinigkeit.

GRUMBKOW. Wann sollte es geschehen sein? Vielleicht, als der Schlaukopf *bedeutungsvoller Blick* mit dem Chevalier Hotham unter vier Augen sprach?

FRIEDRICH. Genug, der Brief ist in meiner Tasche. Euch will ich ihn geben: unter der Bedingung, daß Ihr ihn dem König ausliefert. *Er zeigt den Brief, ohne ihn loszulassen.*

GRUMBKOW. Dem König! Aber dieser Brief ist von hoher Wichtigkeit. Warum überbringt der Gesandte ihn nicht selbst?

FRIEDRICH. Offenbar, weil er ihn nicht mehr hat. Vermutlich auch würde er sich damit Zeit gelassen haben, bis der König vorbereitet ist. Unerwartete Nachrichten erregen Seine Majestät.

GRUMBKOW. Die Doppelverlobung wird entweder nochmals angenommen oder wieder abgelehnt.

FRIEDRICH. Zuletzt immer abgelehnt: schon dank Eurer Fürsorge, Minister von Grumbkow. Darum seid Ihr der Überbringer. Ich armes Opfer Eurer weisen Politik mach' Euch die Freude, weil ich Euch liebe. *Er gibt, mit gespielter Selbstüberwindung, den Brief hin.*

GRUMBKOW. Wenn dies edle Knabengesicht täuscht! Hoheit, ich erwidere Eure schönen Gefühle. Die erste Gelegenheit, mich der Majestät des Königs zu nähern, wird pünktlich ergriffen.

FRIEDRICH *entfernt sich nach einem der Fenster, schein-*
bar, um hinauszusehen; dabei fängt er auf, was Grumb-
kow und der Fürst von Anhalt sprechen.

ANHALT. Wie steht es um die Heirat meines Neffen von
Schwedt mit der Prinzessin?

GRUMBKOW. Es ist die Sache des Markgrafen, Ihrer Hoheit zu gefallen.

ANHALT. Grumbkow, ich hab Euch fünftausend Taler versprochen, wenn Ihr die englischen Verlobungen auch diesmal durchkreuzt.

GRUMBKOW. Gebt das Geld her. Sie sind durchkreuzt. Ich
gehe sogleich zum König. Zahlen müßt Ihr vorher.

ANHALT *gibt ihm die Anweisung.* Wehe Euch, wenn Ihr
mich betrügt.

FRIEDRICH *winkt den Grafen Schuwalow zu sich.* Graf
Schuwalow, ich hielt es bei der Tafel nicht mehr aus.
Sprecht doch Verse: Eure eigenen, oder weniger gute.

SCHUWALOW. Zuerst die weniger guten. *Er erhebt die*
Stimme; beginnt im tiefen Ton und steigt zu den höch-
sten auf.
Philoctète, est-ce vous? quel coup affreux du sort
Dans ces lieux empestés vous fait chercher la mort?

FRIEDRICH. Herrlicher Voltaire! Man hat Euch laut genug gehört. Leise sagt mir, wie weit die Prinzessin und
der Markgraf miteinander sind, seit ich den Platz räumte.

SCHUWALOW. Ich verstehe: Ihr wolltet weder mich noch
Voltaire vernehmen. Nicht die glanzvollen Greuel des
Œdipe.

FRIEDRICH. Nur unsere unschuldigen Nichtigkeiten.

SCHWEDT *am vorderen Ende der Tafel mit Wilhelmine*
allein. Hoheit, Ihr blickt wie ein Engel.

WILHELMINE. Ihr wie alle Dämonen.

SCHWEDT. Das tut meine Sorge um Euch. Dieser Hof ist unterwühlt; niemand vertraut dem anderen: man befürchtet, der König seinen eigenen Kindern nicht.

WILHELMINE. Ihr habt unrecht. Ich weiß, was ich meiner hohen Geburt schulde. Prinzessinnen müssen sich der Politik des Hauses fügen: nach ihrem Herzen wird selten gefragt.

SCHWEDT. Ich frage Euch: wollt Ihr nicht, allen Bedrängnissen entronnen, an der Seite eines Gatten, dem Ihr teuer seid, in Ruh' und Sicherheit leben? Sein fürstlicher Hof mag klein sein.

WILHELMINE. Gern würde ich mich mit mäßigen Umständen begnügen. Aber den Kronprinzen allein lassen, in der Gewalt seiner Feinde, die den König gegen ihn einnehmen? Die ihn endlich sogar von den Stufen des Thrones verdrängen könnten?

DER KÖNIG *am anderen Ende.* Zar Peter, Ihr seid besoffen. Ich liebe die herzhaften Sitten von Euch Barbaren.

DER ZAR. Selbst Barbar. Selbst besoffen. Ich soll sogleich meinen Anfall haben: die Anfälle sind übrig von dem Gift, das ich in jungen Jahren einst bekam, und wiederholen sich meistens in einer Gesellschaft, die meiner nicht würdig ist.

DIE KÖNIGIN. C'est un mal élevé. Sa Majesté impériale me dégoûte.

Sie läßt sich in ihrem Thronsessel von den Dienern nach hinten tragen.

DER KÖNIG. Eure Majestät ist nicht nur ein großer Zar, sondern ein ebenso großer Flegel.

DER ENGLISCHE GESANDTE *ermahnt, über die kreischende Fürstin Galitzin hinweg, die erregten Monarchen.* Take care of your dignity. The drunkard and the glutton shall come to poverty.

SECKENDORF *zu dem französischen Gesandten.* Cela finira par des coups.

DER FRANZÖSISCHE GESANDTE. Si ce n'est par des chansons.

Das Gefolge im zweiten Saal ist aufmerksam geworden. Die russischen Militärs wollen eindringen, die preußischen werfen sich ihnen entgegen. Handgemenge. Ein einzelner Schuß fällt.

DIE FÜRSTIN GALITZIN *springt vom Tisch und kreischt verzweifelt.*

DIE ZARIN *hängt sich an sie und kreischt mit.*

GUNDLING *läuft im Kreis und heult furchtbar.*

DER ZAR *verdreht die Augen, sinkt ab, liegt lang am Boden.*

DER KÖNIG *vernichtet.* Ein Komplott. Man schießt auf gekrönte Häupter; ich bin getroffen.

ANHALT. Majestät, keine Rede von so was. Hier, Euer treuer Feldmarschall deckt Euch mit seinem Leibe.

DER KÖNIG *ängstlich.* Ihr?

GRUMBKOW. Auch ich, Majestät, auch ich. Hört zu: gute Nachricht. Der König von England schreibt Euch; alles ist im reinen.

DER KÖNIG. Er will?

GRUMBKOW. Er will nicht.

Der Unglücksfall des Zaren ruft nach der großen Verwirrung tiefe Stille hervor.

GUNDLING UND FÜRSTIN GALITZIN *begegnen einander abseits. Eben noch eifrig bemüht, Lärm zu machen, sind sie plötzlich ganz nüchtern.*

FÜRSTIN GALITZIN. Herr Amtsbruder.

GUNDLING. Frau Närrin. Die Vernünftigen machen mir Sorge.

FÜRSTIN GALITZIN. Mir erst! Seht Ihr hier irgend jemand bei gesundem Verstand?

GUNDLING. Außer uns? Keinen. Was sie auch Extravagantes treiben, und gingen sie bis zum Mord –

FÜRSTIN GALITZIN. Wofür die Aussichten gut stehen.

GUNDLING. Es ist ihnen nicht gegeben, sich selber auszulachen. Ihr Ernst ist Irrsinn: das merkt allein die lustige Person.

FÜRSTIN GALITZIN. Die Erkenntnis kam mir wirklich, seit ich die Närrin machen muß.

GUNDLING. Warum müßt Ihr?

FÜRSTIN GALITZIN. Als ich noch zu den Vernünftigen zählte, ließ ich mich in ein politisches Komplott ein, wie bei den Vernünftigen der Brauch ist. Daher hatte ich die Wahl, nach Sibirien verschickt zu werden oder dies Amt zu übernehmen.

GUNDLING. Ganz vernünftig, daß Ihr das Amt der Närrin annahmt.

FÜRSTIN GALITZIN. Und Ihr den Posten als lustige Person. Hätte man Euch andernfalls verschickt?

GUNDLING. Nein, aber ich wäre nie Akademie-Präsident geworden.

FÜRSTIN GALITZIN. Niemals Akademie-Präsident? Wie groß müssen Eure Verdienste sein, daß man sie übersah!

GUNDLING. Ich habe unwiderleglich bewiesen, daß alles in der Welt vernünftig eingerichtet ist. Die Nasen sind gemacht, damit sie Brillen tragen; und was tragen sie?

FÜRSTIN GALITZIN. Brillen. Die Beine haben wir, damit wir mit ihnen in der Luft strampeln, und die Kehle, um zu kreischen.

GUNDLING. Oder zu heulen. Die Vernunft der Dinge hatte von jeher beschlossen, daß der weiseste aller Gelehrten mit der wohlanständigsten der Damen diese denkwürdige Begegnung haben sollte.

Er verbeugt sich tief; seine falschen Locken fallen bis auf die Schuhe.

FÜRSTIN GALITZIN. Und daß sie einander die gebührende

Achtung erweisen. *Sie nimmt ihm die Perücke vom Kopf;
läuft mit ihr fort.*
GUNDLING *holt sie ein, tritt sie und bringt sie zu Fall.*
Alte Närrin. Ihr habt Euer Amt mit Recht.
FÜRSTIN GALITZIN. Wie Ihr.
Beide lachen herzlich.

DER KÖNIG *betrachtet den Brief und das Siegel.* Er ist
aufgebrochen worden.
GRUMBKOW. Das sollte ich nicht gesehen haben, da es doch
mein Beruf ist?
ANHALT. Majestät, Ihr werdet betrogen.
GRUMBKOW. Oder der Fürst von Anhalt fürchtet die Bot-
schaft. Wer weiß am Ende, wie sie lautet.
DER KÖNIG *bricht das Siegel; liest.* Er will. Diese Über-
raschung! Und die Königin muß recht behalten.
GRUMBKOW. Wie konnte der König von England anders
als zugreifen. Die Verbindung mit dem Hause Branden-
burg wird ihm nicht alle Tage geboten.
DIE KÖNIGIN *läßt sich in dem Sessel zum König tragen.*
Ich behalte recht: Majestät, was überrascht Euch? Die
Größe Eures Hauses, mir war sie bekannt.
DER KÖNIG. Ihr Mordsweib! *Er umarmt sie zärtlich.*
ANHALT *tritt mit Grumbkow weg.* Nicht alle Tage? Zwei-
mal täglich ist dem Gesandten des Königs von England
zugesetzt worden.
GRUMBKOW. Von wem?
ANHALT. Von Euch. Für mein Geld, mit dem ich Euch be-
stach, damit die Verlobungen zuschanden würden. Ihr
seid ein Betrüger.
GRUMBKOW. Ich nicht. Ihr auch nicht, denn Ihr seid mehr
als das. Hütet Euch, Anhalt. Dem König will scheinen,
Ihr trachtet nach seiner Krone. Sie ist für den Bastard
nicht gemacht; sowenig als für den Neffen des Bastards.

ANHALT. Schurke! Ich will dich vor meine Klinge haben. Oder mein Geld zurück.

GRUMBKOW. Das gabt Ihr mir eine Minute zu früh.

ANHALT. Hab ich Euch einmal auf dem Exerzierplatz, soll die Minute Eure letzte sein.

GRUMBKOW. Ich erweise Euch, weil der Anstand es will, die unverdiente Ehre. Mein Sekundant ist Graf Seckendorf. *Er nähert sich dem Grafen Seckendorf.*

Die drei Gesandten stehen in einer Gruppe beisammen.

DER ENGLISCHE GESANDTE. Graf Seckendorf. Ihr bezahlt dieses Fest. Die preußische Armee macht es dem Kaiser wert, die Laster dieses Hofes zu nähren.

SECKENDORF. Euer Souverain geht weiter; damit preußische Soldaten für ihn ins Feld ziehen, gäbe er seine Kinder her.

DER ENGLISCHE GESANDTE. Könnte sein, wir bekommen, was wir wollen, noch heute.

DER FRANZÖSISCHE GESANDTE. Die Frage ist, ob nach Berlin mehr Sovereigns als Gulden fließen.

DER ENGLISCHE GESANDTE. Graf Rothenburg, der Hof von Versailles wäre unklug, keine Louis d'or hier auszugeben. Man nimmt auch sie.

DER FRANZÖSISCHE GESANDTE. Eure Übergriffe zur See nötigen uns, gegen Euch die kleineren Staaten aufzubieten.

SECKENDORF. Eure Rivalitäten, und die unseren mit Euch, haben es dahin gebracht, daß in Europa die Mächte zweiten Ranges die umworbenen sind. Soll es so bleiben?

DER FRANZÖSISCHE GESANDTE. Gesetzt, daß niemand von uns ernstlich den Krieg wollte –

SECKENDORF. Bekommen wir ihn endlich doch: durch ein ehrgeiziges Preußen.

DER ENGLISCHE GESANDTE. Was können wir tun? Diesen kleinen Leuten mit Heiraten über ihrem Stande winken.

SECKENDORF. Sie bestechen.

DER FRANZÖSISCHE GESANDTE. Intriguieren, bis das Labyrinth von Intrigen sich nur noch der Gewalt öffnet.

DER ENGLISCHE GESANDTE. Lord Chesterfield hat angekündigt, bis zu welchem Jahre Europa reif für das Irrenhaus sein wird. *Er erblickt Grumbkow und geht ihm entgegen.*

GRUMBKOW. Sir Hotham, die Königin verlangt nach Euch. Der König wundert sich, daß Ihr nicht bedankt und gelobt sein wollt für Eure guten Nachrichten.

DER ENGLISCHE GESANDTE. Sind sie eingetroffen?

GRUMBKOW. Mit erbrochenem Siegel. Vergeßt nicht, dem König zu sagen, wer es erbrach. Ihr wißt es doch?

DER ENGLISCHE GESANDTE. Ihr waret es, Minister Grumbkow.

FRIEDRICH *bei Schwedt und Wilhelmine.* Ihr blutet, Herr Vetter.

WILHELMINE. Die Hand! Warum verstecktet Ihr sie? Jetzt seid Ihr vom verlorenen Blut ganz bleich. *Sie verbindet die Hand.*

FRIEDRICH. War der Schuß so schlecht gezielt? Ich verließ meinen Platz beizeiten: sonst traf die einzige Kugel, die abgeschossen wurde, keinen anderen als mich.

SCHWEDT. Wessen verdächtigt Ihr mich? Ihr habt den Verstand verloren?

FRIEDRICH. Ihr nur den Gebrauch des rechten Armes. Ich leugne nicht, daß es mir willkommen ist.

DER FRANZÖSISCHE GESANDTE *eilt erregt herbei.* Monseigneur, que faites-vous. Sa Majesté va annoncer vos fiançailles; et les vôtres, Madame.

WILHELMINE. Avec qui?

DER FRANZÖSISCHE GESANDTE. Mais avec le prince de Wales.

SCHWEDT *bricht zusammen.*

WILHELMINE *mit Friedrich unterwegs zum König.* Ce garçon a cessé d'être sinistre: ce n'est plus qu'un pauvre petit.
*Die Artillerie jenseits des Exerzierplatzes unter den Bäu-
men schießt Salut. Der Zar erwacht davon.*
FRIEDRICH *zu* Wilhelmine. La pitié est permise aux femmes. Ce gredin de Grumbkow est, lui aussi, en train de se
perdre. Du moins, il y a un rescapé: le czar.

DER ZAR *ist aufgekommen.* Eure Majestät hatten einen gu-
ten Gedanken, mich mit Kanonenschüssen aufzuwecken.
Ich habe im Augenblick gewußt, wo ich bin: in Preußen.
DER KÖNIG. Eure Majestät mißversteht mich. Diesmal lasse
ich nicht zu Euren Ehren schießen. Mir beliebt es, den
Kronprinzen und seine Schwester dem Thronfolger Eng-
lands und der großbritannischen Prinzessin zu verloben.
DER ZAR. Ihr wollt sagen: dem König von England be-
liebt es.
DER KÖNIG. Nein, mir.
*Seit die Geschütze donnern, ist das Gefolge nebenan nicht
länger aufzuhalten. All dieses Militär füllt den Saal der
Majestäten. Man stürzt nach den Fenstern; man drängt
und lärmt.*
DER KÖNIG. Ruhe! Ich will reden.
*Diener und Wachen versuchen vergebens, die Ruhe her-
zustellen.*
DER KÖNIG *aufgeregt und verzweifelt.* Hört zu, Kujone!
Dem König von England beliebt es. Nein, mir. Mir
beliebt es.
DER·ZAR. Oder mir. Genug: irgendeinem Heiligen hat es
beliebt. So ist unsere Weisheit.
DIE KÖNIGIN. Welch ein Barbar! *Sie empfängt Wilhelmine
mit offenen Armen.* Mein armes Kind! Ich habe gesiegt.
WILHELMINE. Euer Blut wird über ein großes Reich herr-
schen. Ich will kein Glück kennen als nur das Eure.

DIE KÖNIGIN. Wollt Ihr Euch wohl freuen! *Beide weinen zusammen.*

FRIEDRICH *grüßt den König militärisch.* Melde mich gehorsamst zur Verfügung Eurer Majestät.

DER KÖNIG *aufgeheitert.* Racker! Er hat esprit. Diesmal verfügt über ihn eine Prinzessin aus gutem Hause. Mach Er seine Sache leidlich, damit es keine Prügel setzt.

FRIEDRICH *schwingt sich auf die Knie des Königs.* Ihr liebt mich! Oh! daß mein gnädiger Vater mich doch liebt.

DER KÖNIG. Dummer Junge! Wen hätte ich denn? *Ihm ins Ohr.* Der Anhalt wär imstand und brächte mich um.

FRIEDRICH. Er hätte es nie gewagt. Aber mit Eurer britischen Schwiegertochter im Haus seid Ihr vollends sicher. Seht! Schon muß der Bastard genug daran haben, daß er den Grumbkow ersticht.

DER KÖNIG *erschrocken.* Wie? Was geht vor?

Die Fenster sind umlagert. Der Zar überragt alle anderen Zuschauer des Zweikampfes. Draußen treten Anhalt und Grumbkow mit gezogenen Degen einander gegenüber. Ihre vier Sekundanten tragen die blanke Waffe. Seckendorf, im gestickten Kleid des Diplomaten, leitet mit feierlichem Anstand den Kampf. Das Regiment, im Halbkreis um das Ereignis gestellt, präsentiert die Gewehre.

DER ZAR. Mir zu Ehren. *Nach dem König umgewendet.* Dank Euch, Majestät. Ihr bietet mir, was Ihr nur könnt.

DER KÖNIG *reckt sich, um zu sehen.* Wer hat das angerichtet? Aufhören, der Unfug!

FRIEDRICH. Euer Minister verrät Euch. Er war bezahlt, daß er den Brief des Königs von England in der Tasche behielt.

DER KÖNIG. Das ist nicht wahr.

FRIEDRICH. Er hat ihn dem Gesandten gestohlen. Das Siegel erbrach er.

DER KÖNIG. Du. Du erbrachst es und hättest mir den Brief

unterschlagen, wär er dir und deiner Frau Mutter nicht günstig gewesen. Ach! Ihr hommes d'esprit. Euch soll ich niemals kennen. Geht mir aus den Augen! *Er ruft.* Francke!

FRANCKE *ist schon aufgetaucht.* Majestät! Das Gemüt des Kronprinzen ist unchristlich. Gott verzeihe ihm, wenn er seinen König belog. Den Tritt in meinen Hintern hab ich ihm vergeben.

DER KÖNIG. Verdient hat Er ihn allemal! Schrei Er aus dem Fenster, daß ich das Duell verbiete. *Ruft ihm nach.* Gott auch! Der mag es auch nicht!

FRIEDRICH *bei der Königin.* Majestät, geliebte Mutter. Meine arme Schwester.

DIE KÖNIGIN. Wer wird gleich den Mut verlieren. Von allem, was nicht sein darf, erfährt mein Vetter Georg nichts. Sir Hotham, Ihr berichtet in der erlaubten Weise. Laßt dies schreckliche Gelage ganz fort.

WILHELMINE. Von dem Ruß der Fackeln bin ich ganz schwarz wie eine Hexe. Sonst geschah wohl nichts.

DER ENGLISCHE GESANDTE. The drunkard and the glutton shall come to poverty.

FRANCKE *hat unter leidenschaftlichen Anstrengungen eines der geöffneten Fenster erreicht. Er predigt.* Haltet ein! Der König befiehlt. Noch strenger befiehlt durch mich der Herr der Heerscharen. Wer seid Ihr, daß Ihr die Wildsau jagt. Wozu treibt Ihr Völlerei. Was geht Euch die Komödie an. Hier gabt Ihr selbst die Komödie und selbst die Wildsau. Vollgefressen und -gesoffen wollt Ihr einander abstechen und stracks zur Hölle fahren. Lernt Demut, Ihr Großen der Erde, denn Euer Stolz ist vor Gott ein Gelächter. Kniet nieder! Bittet ab.

GRUMBKOW *fällt so schnell auf die Knie, daß der Degen Anhalts über ihn weg, in die Luft stößt.* Ich gehorche. Ich mag nicht mehr.

ANHALT. Auf! Wehrt Euch. Oder ich schlacht' Euch, kniefällig im Staub.

GRUMBKOW. Lieber allein zur Hölle fahren als in Eurer Gesellschaft. Leider müßt Ihr mich begleiten. Tötet Ihr einen reuigen Sünder, werdet Ihr mit allen Ehren, die Eurem Stande gebühren, hingerichtet.

ANHALT *setzt ihm die Spitze seiner Klinge auf das Herz.* Her mit meinem Geld!

GRUMBKOW *liefert die Anweisung aus.* Kniet hin! Tut Buße! Soll man allein Euch dort drinnen auslachen!

Im Saal haben die Zuschauer zu lachen begonnen. Als auch Anhalt hinkniet, brüllen alle vor Lachen.

DER ZAR *hat am lautesten gelacht.* Barbaren – sind das nicht. Jetzt weiß ich, wo die Civilisation anfängt: mit der Feigheit.

FRIEDRICH. Nichts weiß Er. Sie beginnt mit dem Witz.

19. Landstraße von Berlin nach Dresden

Eine Staatskarosse aus früherer Zeit, sehr groß und schwerfällig; von vier Pferden gezogen, knarrt und wankt das Gebäude. Die Räder ersteigen die hohen Furchen der Straße und versinken in ihnen mit Gepolter. Die Ausbuchtungen des Wagens sind mit Wappen und Kronen verziert. Hinter dem Kutscher steht auf dem Verdeck die größte Königskrone.
Neben dem Kutscher: Eversmann; hintenauf in beschwerlichem Gleichgewicht: Lakaien; vorweg, die Zunge aus dem Hals: Läufer. – Berittene Stallknechte und Wachen sprengen seitlich wie auch im Rücken der Karosse und hüllen sie in Staub. – Drinnen auf Polstern, die seit langem abgenutzt sind: der König; Friedrich.

DER KÖNIG *im Mantel mit drei pelzverbrämten Kragen; Pelzdecken um die Knie. Er schnarcht; dazwischen spricht er aus dem Schlaf*. Nicht doch, Eure Majestät von Polen. Ihr haltet mich für den geringen Mann, der Euch zuerst besuchen muß. Ich komme freiwillig, aus Staatsweisheit und um des Friedens willen.

FRIEDRICH *ein ärmelloses Oberkleid mehrmals um die Schultern geworfen, kniet auf der Bank und betrachtet die Landschaft, in der es Abend wird.* Schön und gut, aber wir haben uns aufgemacht, weil wir die Kleineren sind: als Unterlegene, die Anschluß suchen. Hier wäre nun Sachsen. *Mit Verachtung.* Das berühmte Sachsen.

DER KÖNIG *sein Schnarchen bricht ab, er reibt sich die Augen.* Wat denn. Aus Preußen sind wir raus?

FRIEDRICH. Wenn schon, Majestät.

DER KÖNIG. Was heißt hier »Wenn schon«. Ihm passiert das wohl alle Tage? Er hat Preußen verlassen, mach Er sich das klar.

FRIEDRICH. Ihr schlieft auf der Grenze den Schlaf des Gerechten. Man hielt uns nicht an; wozu auch. Das feierliche Gefährt aus den Tagen des seligen Königs beglaubigt Eure Majestät, wo immer sie erscheint.

DER KÖNIG. Es fehlte noch, daß ich mich vor den sächsischen Gendarmen legitimieren muß.

FRIEDRICH *aus dem Fenster.* Eversmann ist aber doch vom Bock gestiegen.

DER KÖNIG. Was hat Er zu murren. Das fremde Königreich wartet auf Seinen Beifall. *Zieht ihn am Mantel.* Fritz! Tritt nur bei Hof nicht linkisch und verlegen auf.

FRIEDRICH *setzt sich und seufzt.* Eure Majestät von Polen hält mich für den geringen Mann, der Euch zuerst besuchen muß.

DER KÖNIG *wütend.* Wer sagt das? *Begütigt sich und redet Friedrich zu.* Sachsen ist in Deutschland der reichste Staat. August der Starke wird durch die Krone Polens noch reicher. Von uns Kurfürsten allen genießt nur er allein europäischen Ruf. Man stellt ihn gleich nach dem Kaiser.

FRIEDRICH. Nein. Denn dort steht Eure Majestät.

DER KÖNIG *schnappt Luft.* Daß ich es vergessen konnte! *Nach einigem Schweigen.* Die Reise ist lang. Von früh an fahren wir.

FRIEDRICH. Wenn Ihr mir's gestattet: das liegt an der ungeschickten Staatskarosse: ist mehr als zwanzig Jahre außer Dienst.

DER KÖNIG *weist rückwärts.* Der gewöhnliche Reisewagen ist gut für Seckendorf und Grumbkow.

FRIEDRICH. Mit Verlaub: ich wäre zu Pferde gekommen. *Hochfahrend.* Und mit der Waffe in Händen.

DER KÖNIG. Tout bon. Was wandelt Ihn an.

FRIEDRICH. Die Kuh dort glotzt uns nach, als wär's nur eine gewöhnliche preußische. Scheckig ist sie auch.

DER KÖNIG. Soll wohl Streifen haben? Bei uns, oben an der Ostsee, ist im Monat Februar keine Kuh auf der Weide; nicht mal in der Mark Brandenburg. Daran erkennt man: hier im Ausland wird es südlich.

FRIEDRICH. Wann gedenkt Eure Majestät einmal von Königsberg nach Wesel zu reisen? Von der Grenze des russischen Reiches bis zum Rhein, zehn Tage im gestreckten Galopp, und überall preußischer Boden.

DER KÖNIG. Eben nicht. Das Königreich zieht sich lang und schmal am oberen Rand der deutschen Landkarte hin; noch dazu mit Lücken; die können wir zu Pferd nicht überspringen.

FRIEDRICH. Wer weiß. *Pause.*

DER KÖNIG. Es wird dunkel.

FRIEDRICH. Dafür ist Winter. *Geflüstert.* Von Berlin nach Dresden sind dennoch nur zwölf Stunden, und wäre weniger, wenn wir ritten.

DER KÖNIG *gedämpft.* Nachtigall, ich hör' dir laufen. Er

ist ein Held auf der Landkarte; täte sie zu gern verbessern mit seinem Maul. Phantast! Schönredner und Phantast! Weiß Er wohl, daß wir jetzt dem Kaiser verbündet sind?

FRIEDRICH. Eure Majestät hielt es für angezeigt.

DER KÖNIG. Er nicht? Mein Oheim von England widerruft die Verlobungen mit Haus Brandenburg.*

FRIEDRICH. Hätt ich von seinem Sohn, dem Cäpten, nicht anders erwartet. Mocht ihn schon vorher nicht. Mit ihm würd ich verfahren wie er mit mir.

DER KÖNIG. Es ist eine ganz erschreckliche Beleidigung für mich und soll und muß bestraft werden. Dieserhalb sind wir nunmehr auf Seiten des Kaisers und beehren seinen getreuen Kurfürsten in Dresden.

FRIEDRICH *listig*. Mon cher papa, ich will den Sachsen das Lob des Cäpten singen.

DER KÖNIG. Kindskopf. Das Lob des Kaisers muß Er singen.

FRIEDRICH. Sie erfahren's in Wien und vermuten, daß Eure preußische Majestät noch immer so und anders kann.

DER KÖNIG. Kann ich denn?

FRIEDRICH. Zwischen dem Cäpten und dem Kaiser habt Ihr im Rückhalt als Dritten den König von Frankreich.

DER KÖNIG. Ne faites pas le malin. Der braucht mich nicht, bis er im Krieg mit England ist.

FRIEDRICH. Oh! Königliche Weisheit. Laßt Krieg sein, und die Welt ist unser.

Der Wagen sinkt seitlich ein, wird geschleift, hält endlich an. Fluchen des Kutschers und der berittenen Stallknechte. Verwirrung der begleitenden Mannschaft: alles in voller

* Handschriftlich geändert. Ursprünglich stand im Manuskript: Der König: Er nicht? Mein Oheim von England hat sehr zur Unzeit das Zeitliche gesegnet. Alsbald widerruft der neue Herr die Verlobungen mit Haus Brandenburg.

Dunkelheit. Die beiden Talglichte vorn in großartigen Laternen beleuchten ein gestürztes Pferd des Gespanns und einen Läufer, der liegt und nach Atem ringt.

DER KÖNIG. Eversmann!

EVERSMANN *am Wagenschlag.* Da ist Euer Eversmann; soll's wohl wieder gutmachen.

DER KÖNIG. Was stellen die Leute den Gaul nicht auf die Beine. Wird's bald!

EVERSMANN. Wär auch umsonst, das Rad ist gebrochen.

FRIEDRICH. Nous sommes frais. *Er steigt aus.*

DER KÖNIG. Ihr Lümmel! Ihr Tagediebe! Dafür laß ich mich in dem alten Möbel nach dem Ausland schleppen. Meinen Leibkutscher Havel wollt ich zum Teufel jagen, wüßt' ich, wo's hier zum Teufel geht.

EVERSMANN. Eure Majestät hat geruht, nahe beim Tor der Hauptstadt Dresden umzukippen.

DER KÖNIG. Das will die glänzende Residenz sein. Die Hand vor Augen sieht man nicht. Die Straßen kaputt: kann ich alles in Berlin haben.

FRIEDRICH. Was ist aus dem zweiten Wagen geworden? Die Herren Grumbkow und Seckendorf fahren einen besseren Weg.

DER KÖNIG. Und ich, der König, muß den schlechten fahren.

EVERSMANN. Euer Leibkutscher Havel meint: auf dem anderen Weg bricht nicht nur das Rad; ihren Hals haben die Herren gebrochen.

DER KÖNIG *steigt aus.* Ich geh' zu Fuß.

EIN OFFIZIER. Majestät! Hier mein Pferd.

DER KÖNIG *störrisch.* Ich geh' zu Fuß, versteht Er mich?

DER OFFIZIER. Wir haben Reiter hinein nach Dresden geschickt. Die sächsischen Herrschaften werden Euch mit Wagen holen.

DER KÖNIG. Sie sollen's haben, daß ich zu Fuß gehe.

FRIEDRICH. Faisons donc notre entrée solennelle, auf Schusters Rappen.

DER KÖNIG. Nicht weil ich muß. Ich will.

20. Im Dresdner Schloß

Ein rundes Zimmer, das überall von Edelsteinen funkelt. In Nischen stehen marmorne Göttinnen. Die Mitte hält die hoch gewölbte Balkontür. Gegenüber, unter der reichen Decke, erstreckt sich der vorgebaute Musikchor. Die Kapelle spielt sanft. Der schöne Lüster aus Porzellan sendet ein mildes Licht.

Ovaler Tisch, ausgestattet mit Damast, Kristall, goldenem Tafelgeschirr und Schalen aus Porzellan, voll Rosen. In Richtung des Fensters sitzen auf Stühlen mit Gobelin-Stickereien: Der Kurfürst von Sachsen, König von Polen (in französischer Kleidung); der König von Preußen (in Uniform). Nahe dem Musikchor: der sächsische Minister, mit dem Kaiserlichen Gesandten Seckendorf und dem Minister Grumbkow. In der Mitte, einander gegenüber: der Erbprinz von Sachsen (ein beleibter junger Mann) und Friedrich (beide in Uniform). Hinter ihnen erhebt sich je ein Türbogen, umrankt von Laub; die Tautropfen sind kleine Diamanten. Die Füllung der Türen zeigt auf der Seite des Erbprinzen ein gemaltes Gelage von Göttern; auf der Seite Friedrichs geschliffene Glasscheiben, in viele kleine Rahmen gespannt und von außen mit Seide dicht verhangen. Diese zweite Tür bleibt verschlossen. – Die andere dreht sich lautlos um sich selbst und läßt die Diener ein: gepuderte Knaben, die Königskrone auf den Ärmel gestickt. Sie tragen anmutigen Schrittes die Gerichte um die Tafel: wenn alle Tischgenossen ihren Anblick gebilligt haben, werden sie gereicht. Ein Haushofmeister, in der Haltung ein Abbild seines Königs, leitet

den Dienst stumm, mit seinem hin und her bewegten
Stab. – Aus der Ferne meldet sich zeitweilig das Geräusch
einer festlichen Menge. Der nächtliche Himmel, soweit
das hohe Fenster ihn sehen läßt, wird von seltenen
Raketen durchstreift.

DER KURFÜRST *neunundvierzig; kühnes Profil, von Locken*
gemildert; starker Oberkörper: ein Sitzriese; mit den Bei-
nen ist etwas nicht in Ordnung: er stützt sie abwechselnd
auf gehäufte Kissen. Wir wünschen herzlich, daß Eure
Majestät sich bei uns wohlbefinde.

DER KÖNIG VON PREUSSEN. Ich befinde mich aber gar nicht
wohl.

DER KURFÜRST. Vielleicht liebt Ihr den Carneval nicht?
Ich freute mich, Euch meine Hauptstadt im Glanz zu
zeigen.

DER KÖNIG. Carneval, mir schnuppe. Weltlicher Glanz
vergeht. Majestät, habt Ihr keinen Prediger?

DER KURFÜRST. Gewiß sind Prediger vorhanden.

DER KÖNIG. Aber römische. Als König von Polen seid Ihr
katholisch geworden.

DER KURFÜRST. Nicht durch Nötigung, ich will es betonen.

DER KÖNIG. Was täte man nicht für eine Krone. Nun hab
ich meinen Pietisten zu Haus vergessen.

DER KURFÜRST *unterdrückt eine Verstimmung.* Was soll
Euer Pietist?

DER KÖNIG. Mir geistlichen Zuspruch geben, damit das
Essen rutscht.

Der Kurfürst lacht. Der Erbprinz und der sächsische Mi-
nister stimmen ein.

DER KÖNIG. Dummheit lacht. Von Eurer zarten französischen Küche bin ich im Leibe wie benommen, und im
Kopf von Eurem Burgunder, Ungarwein, Lacrimae Chri-
sti. Mein Prediger betet mir eine derbe Kost hinunter.

DER KURFÜRST. Auch mit der unseren würde er fertig werden. In seiner Abwesenheit tut es Eure Konstitution.

DER KÖNIG. Konstitution? Will davon nicht hören. Ich bin ein absoluter Fürst.

DER SÄCHSISCHE MINISTER. Der Mann, den Seine Majestät von Preußen benötigt, soll mit Eilpost abgeholt werden. Nicht später als morgen abend ist er zur Stelle. *Er gibt dem Haushofmeister die Anweisung.*

DER ERBPRINZ. Beim nächsten Souper kann er schon beten.

FRIEDRICH *über den Tisch, zum Erbprinzen.* Haltet Ihr vom Beten etwas? Ich nicht; denn ich weiß, was der König gegen seine Beschwerden ins Glas bekommt. Er darf es nur nicht merken.

DER HAUSHOFMEISTER *winkt mit dem Stab. Einer der Dienerknaben bringt ihm, was er verlangt. Er mischt das Pulver in ein Glas Wein, das er selbst auf goldener Schüssel dem König darreicht.*

DER KURFÜRST. Ein geweihter Wein: schlägt durch wie ein Gebet.

DER KÖNIG *mißtrauisch.* Katholisch geweiht?

DER KURFÜRST. Wir würden uns nicht erlauben. Eure Majestät darf ruhig austrinken.

DER KÖNIG *kostet.* Endlich schmeckt etwas wie zu Hause. *Er schlürft.*

FRIEDRICH *zu dem Erbprinzen hinüber.* Die Musik von Rameau ist nicht mein Geschmack. Die französische Tragödie geht über alles. Arien müssen italienisch sein.

DER ERBPRINZ *laut, mit Blick nach dem Kapellmeister hinauf.* È servito.

Der Kapellmeister klopft ab. Er läßt sogleich ein anderes Musikstück einsetzen. Eine Sängerin tritt droben hervor; sie singt die befohlene Arie.

FRIEDRICH *blickt entzückt und befangen hinauf.* Pas trop mal pour une débutante.

DER ERBPRINZ. Eine Anfängerin? Es ist die Formera: ihr verdankt unsere Oper den Ruf. *Mit Lächeln.* Eure Hoheit ist verwöhnt.

GRUMBKOW *für seinen Nachbarn.* Das kann man nicht sagen. Gerade macht er seinen ersten Ausflug in die Welt.

FRIEDRICH *zum Erbprinzen.* Evidemment la voix n'est plus de la première fraîcheur. An einem fremden Hof muß das Urteil höflich sein. Dick ist das Frauenzimmer auch.

DER ERBPRINZ. Vous aimez les fausses maigres, sans doute.

FRIEDRICH *versinkt im Anhören des Gesanges.*

GRUMBKOW *für seine beiden Nachbarn.* Ja, was liebt er? Niemand weiß es; der König verbietet, daß er seine Neigungen erklärt.

SECKENDORF. Und hat er welche? Dieser liebenswürdige Prinz wird spät reif.

DER SÄCHSISCHE MINISTER. Am Hof von Sachsen gibt es keine unterdrückte Natur; erlaubt ist, was beliebt.

GRUMBKOW *hinter der vorgehaltenen Hand.* Und beliebt ist, was weder natürlich noch erlaubt scheint.

Seckendorf *dem Minister ins Ohr.* König August hat noch immer das offene Bein?

DER MINISTER. In der Tat, die Wunde will nicht heilen.

SECKENDORF. Der König beabsichtigt schwerlich, sein Vergnügen deshalb einzuschränken.

DER MINISTER. La mollesse est délicieuse.

SECKENDORF. Mais les suites en sont terribles.

GRUMBKOW. Die sentimentale Erziehung des Kronprinzen von Preußen wird hier Fortschritte machen; wir hoffen: auch seine politische.

DER MINISTER. Vom Wiener Hof sind zum Carneval sehr anmutige Damen eingetroffen.

GRUMBKOW. Intrigant?

SECKENDORF. Falschheit wäre unnütz. Der Vorteil guter Beziehungen zum Kaiser ist ohnehin gewiß.

GRUMBKOW. Und der Vertrag besteht. Für seine Befolgung bürgt die preußische Redlichkeit.

DER MINISTER. Die Eure.

SECKENDORF. Der Bestand der Verträge hängt von den jeweiligen Interessen ab: sie sind wandelbar.

GRUMBKOW: Der König von England kann über das Geschäft mit Preußen nochmals seine Meinung ändern.

DER MINISTER. Wie wär es, wenn Ihr Euren Herrn von hier nach Wien brächtet? Eine Begegnung der Monarchen wird aus konventionellen Beziehungen aufrichtige machen. Welch ein Glück für Deutschland!

GRUMBKOW. Deutschland: Wo liegt es. Ihr meint Sachsen. Die Autorität des Kaisers beruhigt die Furcht dieses Hofes vor der preußischen Armee.

DER MINISTER. Was fällt Euch ein. Wir sind stark; Euch fürchten wir nicht.

GRUMBKOW *vertraulich*. Es wär auch überflüssig. Der König von Preußen ist von Grund auf friedlich; seine Gesinnung kommt aus den Gedärmen.

DER MINISTER. Und der Kronprinz?

SECKENDORF. Reinen Herzens. Ein Idealist, dem Geld nichts ausmacht. *Heimlich.* Man muß es ihm nur geben.

DER MINISTER. Um so mehr empfiehlt sich der Besuch in Wien. Die älteste Tochter des Kaisers, Erzherzogin Marie Therese, *zu Grumbkow* habt Ihr noch nie an sie gedacht?

SECKENDORF. Karl der Sechste hat keinen Sohn. Die Erzherzogin Marie Therese ist bestimmt, ihm in seinen Erbländern nachzufolgen.

GRUMBKOW. Uns ist nichts zu hoch. Kühn würden wir werben um die Tochter der apostolischen Majestät.

DER MINISTER. Was hält Euch auf? Die Verschiedenheit der Religion?

GRUMBKOW. Im Vertrauen: die Grobheit des Königs. Mein hoher Gebieter hat viel innere Demut zu überwinden. Ihr seht eine Probe davon schon hier. Am Wiener Hof könnte er versucht sein, den Krückstock zu erheben.

DER MINISTER. Aus umgekehrter Demut?

GRUMBKOW. Oder vor dem Kaiser in die Knie zu brechen.

DER MINISTER. Très curieux.

SECKENDORF. Warten wir ab. Marie Therese und Friedrich sollen einander noch kennenlernen.

Die Arie ist beendet. Die Sängerin tritt zurück.

DER KURFÜRST *gibt das Zeichen zum Beifall.* Ich hoffe Eure Majestät befriedigt.

DER KÖNIG. Von dem Geschrei? Ich hab in meinem Haus der Weiberstimmen mehr als ich brauche.

DER KURFÜRST *geduldig.* Wenn die Königin den Gesang liebt, wir leihen Euch die Formera.

DER KÖNIG. Meine Frau mag andächtig zuhören, wie ich mit meinen Kammerdienern die Choräle singe.

FRIEDRICH *aus seiner Versunkenheit.* Schweigen? So jählings verstummt ein Engel. Schwer, hiernach die Erde zu ertragen.

DER ERBPRINZ. Wie ich Euch versprochen hatte. *Ruft nach oben, wo die Sängerin erscheint und dankt.* Voce divina! *Für Friedrich.* Wonach verlangt Ihr? Die Arie noch einmal? Eine andere?

FRIEDRICH. Nichts. Ich wäre zu unglücklich. Das Glück, das Musik mich ahnen läßt, gibt es nicht. *Er ist aufgestanden; irrt den Tisch entlang; will die verhängte Tür öffnen und findet sie gesperrt.*

DER ERBPRINZ *ist ihm gefolgt.* Im Gegenteil: das Glück liegt nahe und es ist gewöhnlich. Ich kann Euch versichern: allein erscheint es nie, sondern immer in Gesellschaft der Langeweile.

FRIEDRICH *am Arm des Erbprinzen*. Hütet Euch, mein Freund. Ihr habt viel zu verlieren, ich alles zu gewinnen. Mir gefällt Eure Hauptstadt. In einem reichen Saal gut zu speisen, könnte einen knapp gehaltenen Soldaten verlocken.

DER ERBPRINZ. Ihr wollt scherzen.

FRIEDRICH. Oder Euch warnen *heiter* vor dem verfrühten Überdruß.

Sie treten nahe an die Balkontür. Die Raketen steigen häufiger, der nächtliche Himmel wird erhellt. Die Schatten eines Maskenzuges fallen auf das Fenster. Der Widerschein des Feuerwerkes zerteilt die Erscheinungen, aber sie kehren zurück.

DER KÖNIG *erschrocken*. Brennt es bei Euch? Es brennt oft hier.

DER KURFÜRST. Fürchtet nichts. Meine Hauptstadt begehrt den Vorzug, Euch zu unterhalten.

DER KÖNIG. Teufelszeug. Macht wohl Euer geweihter Wein, daß mir's doch gefällt.

DER KURFÜRST *öffnet die Tür, betritt mit dem König den Balkon*. Unser Volk will Euch begrüßen, Majestät.

Feuerräder zwischen den gestutzten hohen Hecken beleuchten den Garten, seine bleichen Statuen und Tempel. In verzierten Karren ziehen die Masken über den weißen Weg bis unter den Balkon. Andere, durch Stelzen vergrößerte Gestalten grinsen mit ungeheuren Köpfen herüber.

DIE MASKEN. Vivat der Kurfürst! Vivat der König!

DER KÖNIG *weicht zurück*. Ist das auch ein Volk?

DER KURFÜRST. Ein gehorsames, fleißiges.

DER KÖNIG. Zudringlich, wollt Ihr sagen. Respektlos, sag ich. Meine Untertanen laufen, wo ich komme. Ich nehm auf mein Bekenntnis, daß sie nicht wagen, mich anzugrinsen; sich größer machen als sie sind, sollt ihnen einfallen.

DER KURFÜRST. Seid gnädig, wie wir. Il n'y a que le premier pas que coûte.

DER KÖNIG. Auf der abschüssigen Bahn. Ich spür es für Euch, in meinen Gedärmen. Das wird wieder eine schlechte Nacht.

DER KURFÜRST. Ihr müßt nicht schlafen gehen. Wir haben Unterhaltung genug bis an den Morgen.

DER KÖNIG. Die zweite Nacht ohne Schlaf? Kein Vorwurf, Majestät, aber gestern abend hatte ich mit Müh und Not Eure berühmte Hauptstadt erreicht; war kaum untergebracht in einem prächtigen Haus; alles bei Euch ist prächtig; lag endlich zu Bett; da bricht Feuer aus.

DER KURFÜRST. Niemand bedauert es wie wir.

DER KÖNIG. Das ganze Palais, im Nu eine Fackel. Ich entkomme noch aus dem Fenster.

DER KURFÜRST. Der Kurprinz in eigener Person kommandierte die Soldaten, die Eure Majestät herausholten. Da seht Ihr, wir haben eine Armee und sie rettet Euer Leben.

FRIEDRICH. Mit Eurer gnädigen Erlaubnis hab ich das meine selbst gerettet.

DER ERBPRINZ *mit Seckendorf und Grumbkow vor der geöffneten Balkontür.* Seine Hoheit sprang wie ein Seiltänzer.

FRIEDRICH. Ich sollte denken: wie ein Prinz von Geblüt.

DER KÖNIG. Warum hängt Ihr keinen? Das wundert Euch. Wo es brennt, ist mein erstes, daß einer hängen muß. Die wären imstand und zünden mein ganzes Berlin an.

DER KURFÜRST *begütigend.* Es wird besser werden mit Eurer Majestät. Noch ein Glas geweihten Wein.

DER KÖNIG. Ihr führt mich in Versuchung.

DER HAUSHOFMEISTER *erfüllt den Auftrag zum zweitenmal. Er setzt das Glas vor den Platz des Königs.*

FRIEDRICH *allein beim König, der niedersitzt und von allen Weinen nimmt.* Mir ist zumut, Majestät, als sollten wir uns beizeiten zurückziehen.

DER KÖNIG. Seh schon, dich juckt der Carneval. Mich will er in die Klappe legen, dann geht er los. Nichts da.

DER ERBPRINZ *führt Grumbkow und Seckendorf nach einem Ausgang unterhalb des Musikchors.* Wir wollen uns unter die Masken mischen.

DER KURFÜRST *mit dem sächsischen Minister unterhalb des Musikchors.* Das sind entsetzliche Leute.

DER MINISTER *Gebärde der Ohnmacht.*

DER KURFÜRST. Wann reisen sie ab?

DER MINISTER. Geduld. Die Majestät des Kaisers wünscht, daß wir uns ihnen angenehm erweisen.

DER KURFÜRST. Ich tue, soviel ich kann. Mir bleibt eine letzte Probe auf ihre verhärteten Gemüter.

DER MINISTER *hat verstanden.* Die Frau Gräfin Orzelska. Es gibt keinen Mann, dem bei ihrem Anblick das Eis nicht vorm Herzen schmölze.

DER KURFÜRST. Sonst könnt ich dem Kaiser nicht dienen: der Fall ist zu schwer.

DER MINISTER *noch heimlicher.* Geruhen Eure Majestät zu hören, was der preußische Minister uns anträgt?

DER KURFÜRST. Wem?

DER MINISTER. Euch.

DER KURFÜRST. Und was?

DER MINISTER. Prinzessin Wilhelmine, die Tochter des Königs.

DER KURFÜRST. Ich? Das Mägdelein zur Ehe nehmen? *Er lacht, betrachtet sein krankes Bein und wird ernst.* Ich bin nahe den Fünfzig.

DER MINISTER. Wer wäre nicht fünfzig.

DER KURFÜRST. Der Grumbkow sagt es wirklich im Auf-trag seines Herrn?

DER MINISTER. Laßt Euch von ihrer Anmaßung nicht täuschen: sie kommt bei Bettlern vor. *Er verläßt den Saal.*

DER KURFÜRST *sieht den König das Glas gegen ihn er-*
heben; er geht hin; nimmt auch ein Glas. Auf das Wohl
der reizenden Prinzessin Wilhelmine.

DER KÖNIG *ein Auge zugekniffen.* Habt von ihr gehört?
Er schlägt den Kurfürsten vor den Bauch. August, alter
Schwerenöter! Ihr habt Euch hier recht hübsch einge-
hamstert. Rosen im Februar sind mir auch noch nicht
vorgekommen.

FRIEDRICH. Sire! ce que vous avez de mieux, ce sont vos
porcelaines. In Meißen besuch ich nächstens Eure berühmte Manufaktur.

DER KURFÜRST. Ihr wißt den Anblick schöner Dinge zu
schätzen.

FRIEDRICH. Mehr noch ihren Besitz.

DER KÖNIG. So viel Edelgestein, als allein dies Zimmer
aufweist, schüttel ich aus ganz Preußen nicht raus.

DER KURFÜRST. Das kostbarste Juwel, das ich habe, heißt
Gräfin Orzelska.

DER KÖNIG *zwinkert.* Eure Tochter. Ihr nennt sie Tochter.
A bon entendeur salut.

DER KURFÜRST. Wir zeigen Euch die Perle, die keinen
Preis hat.

DER KÖNIG. Nur zu. Auch meine Majestät denkt weltmännisch.

DER KURFÜRST *zieht einen Schlüssel hervor.*

DER KÖNIG. Ein goldener Schlüssel! Der muß Eure Schatz-
kammer auftun.

DER KURFÜRST *blickt um; überzeugt sich, daß alle, auch die*
Musiker, fort sind; übrig bleiben nur König und Kron-
prinz. Er dreht den Schlüssel; ein solange verheimlichter
Hintergrund steht weit offen. Der Kurfürst tritt von
der Schwelle zurück. C'est fait. Le roi Candaules c'est
moi.

FRIEDRICH *zur Seite der Tür.* J'ai lu Hérodote. L'aventure

de l'archer Gygès ressemblait à un conte. Elle est donc vraie.

DER KÖNIG *auf der anderen Seite; richtet sich am Tür-pfosten auf, um besser zu sehen.* Die Gräfin ist im costume de nuit. Bewahr mich Gott! Gar nichts hat die Person an. *Er wankt.*

DER KURFÜRST. Euch ist doch wohl?

DER KÖNIG. August, seid Ihr ein Christenmensch? Ich hab eine keusche Tochter. Edelgestein kriegt sie nicht mit, davon habt Ihr genug. Nur Zucht und Sitte: die könnt Ihr brauchen. *Er droht umzufallen.*

DER KURFÜRST *stützt ihn.* Wir wollen niemand zu Hilfe rufen. Ich geleite Euch selbst. *Mit dem König verläßt er die Stätte durch den Ausgang unterhalb des Musikchors.*

21. Ein Cabinet

Mit dunklem Marmor verkleidet und überflutet von dem Licht der Wachskerzen. Sie brennen rings an den Wänden, vor Schilden aus spiegelndem Metall. Ihr Schein und Widerschein vereinigen sich auf den glatten Formen einer ruhenden Venus: die Gestalt wird durch den gedämpften Ton der umgebenden Steinplatten um so plastischer und heller.

Die Gräfin Orzelska liegt auf dem einzigen vorhandenen Möbel, die Beine ausgestreckt, den Oberleib mäßig er-hoben. Nur eine ihrer Schultern ist angelehnt: die ganze Rückenansicht erscheint in dem Glas der ovalen Psyche, die hinter ihr aufgestellt ist. Brust und Gesicht sind nach der offenen Tür gewendet. − Friedrich steht in der Tür. Vor dem Körper der Göttin, das erste, was ihn anzieht, verneigt er sich, bemüht, ihm auffallend zu huldigen. Als er dann aber aufkommt, trifft sein Blick in den ihren.

Aus den schwarzen Wimpern ihrer langen schmalen Lider
dringt ein ernster, nächtlicher Glanz: der indiskrete Be-
trachter ist gefangen, er verliert die Haltung: seine Arme
fallen hilflos an den Hüften hin. Zu seiner Rettung macht
er aus der Not eine Tugend und reckt sich militärisch, als
sollte er Befehle empfangen.

GRÄFIN ORZELSKA. Fermez donc la porte, Monsieur.
Während er gehorcht und die Tür schließt, macht sie ihre
erste Bewegung: aus dem Gesicht, dessen Linien zart und
vollkommen sind, streicht sie eine helle Locke. Friedrich
sieht schnell um: er folgt ihrer feingegliederten Hand.
Nach der Haarlocke entfernt sie mit dem Finger auch
noch die leichte Falte von der Wurzel ihrer anmutsvoll
gebogenen Nase. Seine Augen suchen, ungewöhnlich ver-
größert, schon wieder die ihren. Der Mund geht ihm von
selbst auf. Zwischen den weich auseinandergeglittenen
Lippen der Dame schimmern die Zähne. Sie läßt ihm Zeit.
GRÄFIN ORZELSKA. Enfin, reprenez vos esprits. Vous ne
dites mot?
FRIEDRICH. Vous me coupez la respiration, Madame.
GRÄFIN ORZELSKA *erstaunt.* Vous êtes plus jeune que je
me vous imaginais.
FRIEDRICH *überrascht.* Mais vous ignoriez mon existence.
GRÄFIN ORZELSKA. Si je m'attendais à vous trouver aussi
bonne mine.
FRIEDRICH. Vous m'attendiez. Et moi, qui croyais vous
surprendre.
GRÄFIN ORZELSKA. Ne vous donnez pas pour un héros. On
vous a ouvert ce cabinet, où l'on m'avait enfermée
d'abord. J'ai passé le temps à me préparer pour cette
rencontre.
FRIEDRICH. Qui suis-je, pour avoir mérité cet honneur?
GRÄFIN ORZELSKA. Dites-le moi: je le saurai.

FRIEDRICH. Hélas. Je ne suis qu'un officier étranger de passage, et me sens fort embarrassé par votre présence.

GRÄFIN ORZELSKA. C'est mon costume que vous fait reculer?

FRIEDRICH *stürzt vor sie hin auf die Knie.* Ce sont vos charmes. *Unter Tränen.* C'est la première fois que cela m'arrive.

GRÄFIN ORZELSKA. De voir une femme toute nue: je l'avais deviné.

FRIEDRICH. A quoi?

GRÄFIN ORZELSKA *streicht über seinen Kopf.* Mais à vos yeux trop grands et trop clairs; à votre bouche dont l'innocence me fait peur; à votre égarement et à vos larmes. Vous ne m'auriez pas menti?

FRIEDRICH. Je n'ai pas appris à mentir aux déesses.

GRÄFIN ORZELSKA. Les déesses s'entendent, elles, à juger les hommes. *Ihm ins Gesicht.* Ihr seid der Kronprinz.

FRIEDRICH *steht auf.* Wer sollt ich sonst auch sein. Wir haben beide Komödie gespielt.

GRÄFIN ORZELSKA. Ihr ärgert Euch, daß Ihr verlegen waret. Sachez que l'air emprunté vous sied. Il ne faut pas que vous le quittiez de propos délibéré: vous y perdriez.

FRIEDRICH. Et il y a gros à gagner avec vous, Madame. So bin ich denn der Kronprinz, und habe wirklich keine Frau gesehen, wie ich Euch sehe.

GRÄFIN ORZELSKA. Sprecht weiter. Eure Stimme ist angenehm, auch wenn Ihr deutsch redet.

FRIEDRICH. Ihr könnt es besser als ich. Seid Ihr denn von hier? Die erste Frau, die ich sehe, darf keine Deutsche sein.

GRÄFIN ORZELSKA. Ich bin in Polen geboren.

FRIEDRICH. Pas mal.

GRÄFIN ORZELSKA. Von einer französischen Mutter.

FRIEDRICH. De mieux en mieux.

GRÄFIN ORZELSKA. Mein Vater ist ein deutscher Fürst.

FRIEDRICH. Je me donne au diable si vous n'êtes pas la comtesse Orzelska.

GRÄFIN ORZELSKA. Meine Geschichte ist zu berühmt, als daß Ihr sie nicht kennen solltet.

FRIEDRICH. Der König, Euer Vater, hat sie mir nicht erzählt.

GRÄFIN ORZELSKA. Pourtant il ne s'en cache pas.

FRIEDRICH. C'est un fanfaron de vices.

GRÄFIN ORZELSKA. Zu meinem Unglück ist alles wahr. *Sie verbirgt ihr Gesicht in den Händen und späht durch die Finger.*

FRIEDRICH. Unglücklich seht Ihr nicht aus. Da Ihr es wünschet, bedaure ich Euch.

GRÄFIN ORZELSKA. Und fragt nicht, warum ich mich Euch anvertraue?

FRIEDRICH. Damit ich Euch trotzdem lieben soll? Ihr seid an Schönheit eine Göttin: das überhebt Euch der gemeinen Tugendhaftigkeit.

GRÄFIN ORZELSKA. Merci, mon prince. Ihr denkt groß.

FRIEDRICH *macht einige Schritte; spricht für sich selbst.* Wollt ich an die göttlichen und menschlichen Gesetze glauben, ich brächte es bis zur Berühmtheit nie. Diese Frau wird alle Höfe Europas mit mir beschäftigen. Das entscheidet: ich muß sie lieben.

GRÄFIN ORZELSKA. Savez-vous, mon petit, que vous non plus n'êtes pas ordinaire?

FRIEDRICH. Die Frage ist, ob Ihr nicht selbst berühmt sein möchtet.

GRÄFIN ORZELSKA. Belle demande!

FRIEDRICH. Noch berühmter, als Ihr schon seid. Werdet Ihr mich vor die Wahl stellen? Entweder ich töte den Kurfürsten und trete seine Nachfolge an, in seinen Staaten und bei Euch; oder Ihr erdolcht mich.

GRÄFIN ORZELSKA. Où prenez-vous ces idées saugrenues?

FRIEDRICH. Es ist das Abenteuer eines Offiziers mit Namen Gyges. Der König Candaules hatte ihm seine Maitresse gezeigt, équipée comme vous l'êtes. Sie rächte ihre Ehre.

GRÄFIN ORZELSKA. Und erstach einen harmlosen Zuschauer? Ce n'est pas dans mes coutumes.

FRIEDRICH. Aussi choisit-il de vivre. Er ließ sich von der Dame den Dolch in die Hand drücken.

GRÄFIN ORZELSKA. Und erstach den guten König? Dergleichen verlangt von mir nicht!

FRIEDRICH. Schade.

GRÄFIN ORZELSKA. An keinem der Höfe, die ich kenne, kann es geschehen sein: Ihr habt es Euch ausgedacht. Laissons ces bêtises, et revenons à nos affaires.

FRIEDRICH. Vous avez raison. *Er beugt sich über sie. Zärtliches Schweigen. Aber draußen wird an die Tür geklopft.*

FRIEDRICH *macht sich aus der Umarmung los, springt hin und legt den Riegel vor.*

GRÄFIN ORZELSKA. Ihr verliert den Kopf: es ist der Kurfürst. Öffnet ihm! Ich will, daß Ihr ihm öffnet.

FRIEDRICH *drückt erbittert seinen Rücken gegen die Tür.*

DER KURFÜRST *schlägt mit der Faust dagegen.* Was geht da vor!

GRÄFIN ORZELSKA *laut.* So tretet doch ein, Majestät. Ah! ich sehe: der Riegel hat sich von selbst verschoben. Nehmt ihn fort, Hoheit, ich bitte.

FRIEDRICH *wartet, entschlossen und bleich.*

GRÄFIN ORZELSKA *flüstert.* Ich bewundere Euch und will Euch erhören: à condition de retirer ce verrou. Zieht Ihr den Riegel nicht weg, dann will ich Euch vergessen.

FRIEDRICH *triumphiert.* Comme si vous en aviez le courage. Schnell! Wann? Und wo?

GRÄFIN ORZELSKA. Beim Morgengrauen, im großen Garten, ein Wagen mit verhängten Fenstern.

FRIEDRICH *öffnet; zeigt äußerstes Erstaunen.* Eure Majestät bemüht sich selbst. Welche Ehre!

DER KURFÜRST *tritt majestätisch ein, aber sein Kopf zittert.* Der Riegel widerstand Euch.

FRIEDRICH. Ich war ungeschickt.

DER KURFÜRST *der Gräfin Orzelska ins Ohr.* Vous me faites des infidélités, maintenant?

GRÄFIN ORZELSKA. Euch betrügen! Ich bin Euer Geschöpf. Den armen Jungen hätte ich ausgesucht? Ihr tatet es selbst.

DER KURFÜRST. Ich meinte, opportun zu handeln, und gehorchte nur meiner Prahlsucht.

GRÄFIN ORZELSKA. Ich diene Euch gern, aber schickt mir einen anderen. Dieser Eisberg verläßt das Zimmer ungerührt.

DER KURFÜRST *wendet sich ab.* Die Mährte möcht gar nicht wahr sein. *Bei Friedrich.* Ich komme von der Formera.

FRIEDRICH *tut erfreut.* Euer Opernstern: der geht nicht jedem auf.

DER KURFÜRST. Euch soll er aufgehen. Die Formera kann's nicht erwarten, bis sie Euch für Eure Begeisterung dankt.

FRIEDRICH *hoffnungsvoll.* Wann? Oh! wann?

DER KURFÜRST. Gegen Mittag.

FRIEDRICH *sieht an dem Kurfürsten vorbei, in die Augen der Gräfin Orzelska.* Daß es schon beim Morgengrauen wäre, und daß der Tag schon graute!

GRÄFIN ORZELSKA. Quel empressement!

FRIEDRICH. Vous sentez que je ne puis me dispenser du rendez-vous. N'étant pas connu dans ce pays, où je débute, si je manquais d'exactitude ce serait me donner un vernis de légèreté qui pourrait me faire du tort.

DER KURFÜRST. Wir sind recht zufrieden mit Euch.

GRÄFIN ORZELSKA. Und ich erst.

DER TOD DES VATERS

Entwurf einer Szene für den zweiten Teil des Werkes:
Der König. Siehe Outline, Seite 123 ff.

FRIEDRICH WILHELM *neben seinem zerwühlten Bett, im Rollstuhl. Hinter ihm der Kammerdiener, zur Seite der Arzt. Der Sterbende betrachtet angestrengt sein Bett.* So sieht das aus? Die letzte schlechte Nacht.

DER KAMMERDIENER. Kommen wieder gute, mit Erlaubnis, Majestät. *Schnell fort von dem Ohr, in das er geraunt hat.*

FRIEDRICH WILHELM. Nichts da. Es ist genug. Mein Lager sieht nach Schlachtfeld aus. Zwei, von beiden Geschlechtern, sollen ein Bett wohl so zurichten. Ich tat es allein.

DER ARZT. Ein Akt des Lebens ist auch das Sterben.

FRIEDRICH WILHELM. Ihr sprecht vom Sterben wie von einem Ding, das vorkommt und sich ereignet. Das hatte ich schon wieder vergessen. Wie lange bleibt mir? Aber lüge Er nicht!

DER ARZT *die Hand am Puls des Kranken.* Wenige Stunden.

DER KAMMERDIENER *erschrocken, leise.* Mit Vergebung, Majestät.

FRIEDRICH WILHELM *verliert den Atem, läuft dunkel an. Versucht zu sprechen. Wartet erschöpft, bis er es kann.* Ich will zu der Königin.

DER ARZT. Ihre Majestät kommt selbst. Ihr dürft nicht aus dem Zimmer.

FRIEDRICH WILHELM. Nicht dürfen? Ich, mit wenigen Stunden vor mir, darf mich totsaufen, versteht Er. Morden, versteht Er.

DER ARZT. Zu Befehl. *Zieht sich hinter den Stuhl zurück.*

Dem Kammerdiener ins Ohr. Habe ihn schon wütend gesehen, aber...

DER KAMMERDIENER. Auch das mit dem Liebesbett. Er hat dergleichen niemals gesagt. Es war von einem anderen Menschen.

DER ARZT. Der andere macht es nicht lange. Für Morden reicht es nicht.

FRIEDRICH WILHELM. Zur Königin. Wird es bald?

DER KAMMERDIENER. Ihr werdet sie erschrecken. *Auf dem Gang nach der Tür.* Warum erwartet er sie nicht, wie es sich in seinem Zustand gehört. Fährt umher, meldet selbst seinen Tod an. Das ist von keinem anderen als ihm. *Er öffnet beide Flügel. Am Ende des nächsten Zimmers steht er vor der geschlossenen Tür eines dritten. Er kratzt, seine Schultern beugen sich. Als ein Spalt aufgeht, spricht er, angestrengt hoch dienstlich, zu der Madame, die ihn abfertigen will. Er läßt sich auf nichts ein, gibt den Befehl weiter, macht kehrt.*

FRIEDRICH WILHELM. Was fehlt mir doch? Ich bin nicht in Ordnung. Meinen Krückstock!

DER ARZT *sucht den Stock, bis er ihn sieht.* Starker Wille, bei einem Puls von hundertsieben. Da begnügt man sich mit seinen leeren Händen. *Er bringt dem König den Stock.* Wird das auch gehen, mit dem Prügel?

FRIEDRICH WILHELM. Nicht ohne ihn.

DER KAMMERDIENER. Die Königin ist froh, daß sie endlich schläft, nach dieser Nacht.

FRIEDRICH WILHELM. Ich muß sie wecken. Wie lange hab ich noch?

DER ARZT. Um soviel weniger, da Ihr Euch anstrengen wollt.

FRIEDRICH WILHELM. Bringt mich nicht um meine Augenblicke. Plötzlich sind es Augenblicke. Ihr hattet mir das Leben versprochen. *Er stößt seinen Stock gegen den Bo-*

den. Macht Euch die Entscheidung Gottes jetzt klein, wie mich?

DER ARZT. Ich war nie groß. *Er bedeckt sich mit dem Vorhang des Fensters.*

DER KAMMERDIENER *rollt den Wagen aus der Tür, bis vor die nächste, die rechtzeitig weit aufgeht, und in das Zimmer der Königin.*

DIE KÖNIGIN *liegt im Nachtkleid, kaum weniger angezogen als bei Tage, die Stirn voll Lockenwickel, darunter das Gesicht bleich, alt, kläglich. Mühsam stützt sie einen Arm auf die Kissen.* Es ist nicht wahr, Sire, Ihr seid es nicht. Vorhin war ich drinnen, wie könntet Ihr jetzt umherfahren. *Sie betrachtet ihn, plötzlich überkommt sie das Schluchzen.*

FRIEDRICH WILHELM *weint mit ihr, während er sie ansieht, wie sie ihn.* Wegen leben und sterben ist es nicht, obwohl der Medicus die Spanne dazwischen immer kürzer setzt. Mich kriegt das heulende Elend, wenn ich denke, wie jung wir waren, als unsere Erste kam. Vergib mir all unsere divergences und Dissentimenten, meine liebe Frau. Ich habe die Schuld, ja ich, mit meinem Mißtrauen und Zorn. *Er wartet auf ein Wort von ihr, das nicht erfolgt. Sie schluchzt heftiger. Sie streckt die Hand nach seiner aus.*

FRIEDRICH WILHELM *seufzt.* Die englischen Heiraten haben unsere Ehe verbittert, wo wir uns doch immer liebten. Unsere Älteste in Bayreuth ist keine Königin geworden, aber ihren schönen Markgrafen liebt sie von Herzen. Das ist mehr.

DIE KÖNIGIN. Sprich nicht. Du verlierst den Atem. Ich weiß wohl, weshalb du in dieser Krankheit die Tochter nicht zu dir kommen ließest. Es verlangte dich nach ihr, aber sie schonen, zogst du vor. Du bist der beste Vater und ein rechter Mensch.

FRIEDRICH WILHELM. Oft wußte ich mich böse. Du fürchtetest mich. Ihr alle hattet gewöhnlich Angst, anstatt Vertrauen.

DIE KÖNIGIN *fällt ihm in die Rede.* Das war meine Schuld, meine allein. Sag es dem Herrn im Himmel, wenn du vor ihm stehst.

FRIEDRICH WILHELM. Er weiß es, und weiß mehr. Ihr allesamt habt gegen euren König intriguiert. Aber darf es denn vorkommen, daß der Kaiser einem souveränen Herrscher verbieten muß, seinen Kronprinzen zu töten? Das ist uns passiert, dennoch fühl' ich, wenn ich nun sterbe, in die Hölle komme ich nicht. *Er droht zu ersticken.*

DIE KÖNIGIN. Das steht bei Ihm. Schickt Er denn Könige zur Hölle? Majestät, Ihr müßt Euren Sohn sehen.

FRIEDRICH WILHELM. Woran denke ich denn sonst?

DIE KÖNIGIN. Es wird Euch schwer.

FRIEDRICH WILHELM. Aber anders, als du meinst.

DIE KÖNIGIN. Ich selbst kann mit ihm nicht mehr warm werden. Il ne me semble plus parler à mon enfant. Er wirft uns vor, daß er das Schafott gestreift hat.

FRIEDRICH WILHELM. Halt's Maul! *Er stößt den Stock zu Boden, der Kammerdiener schiebt den Rollstuhl hinaus. Noch unter der Tür nach dem Corridor.* In deinen Armen sollte ich wohl den Geist aufgeben. Is nicht.

DIE KÖNIGIN. Der gibt ihn überhaupt nicht auf.

Plötzlich Tränen, Geheul, verzweifelte Rufe nach der Kammerfrau. Sie hat das Bett verlassen, sie hastet, damit sie dem König folgen kann.

FRIEDRICH WILHELM *gelangt im Corridor an eine offene Tür. Alle drinnen schweigen, als er sichtbar wird. Er zählt sie, bewegt den ausgestreckten Finger vom einen zum anderen.* Anhalt, Grumbkow. Meine Minister, Obersten und Generäle, alle schon hier, bei dem Nachfolger. Seid ihr so eilig? Ich habe noch diese Stunde. Kann Abschiedsvisiten machen.

PRINZ VON ANHALT. Aber das tut man nicht. Als der Älteste darf ich aussprechen, was jeder meint. Ihr gehört, nach Recht und Schicklichkeit, in Euer Sterbebett.

FRIEDRICH WILHELM. Weiß ich. Nur hab ich Geschäfte bis in die letzte Viertelstunde. Ich will meinem Sohn und Erben die Macht übergeben, indes ich noch lebe. Nachher...

KRONPRINZ FRIEDRICH *über den Rollstuhl gebeugt.* Après, ils connaîtront leur maître.

FRIEDRICH WILHELM. Sie sollen mit ihren Unterschriften beglaubigen, daß sie ihren Herrn kennen. Grumbkow, schreibt! Alle unterzeichnen, daß sie meinem einzigen Erben die Treue halten.

GRUMBKOW. Mit und ohne Schwur.

ANHALT. Ihm und Haus Brandenburg, solang es ein Preußen gibt.

GRUMBKOW *sitzt schon und schreibt.*

ANHALT *liest, er spricht mit.* In diesem selben Augenblick tritt Seine Königliche Hoheit Kronprinz Friedrich in die volle königliche Macht. Weiland die Majestät des Vorgängers, seines hohen Herrn Vaters, Friedrich Wilhelms des Ersten, überträgt in seiner letzten Lebensstunde die Herrschaft auf Friedrich den Zweiten, König von Preußen. Des zum Zeugen und als feierlichen Eid, daß sie dem einzigen Erben des Thrones unverbrüchliche Treue halten werden...

GRUMBKOW. Ihr Herren! Eure Unterschriften!

ANHALT. Zuerst ich.

FRIEDRICH *über Friedrich Wilhelm gebeugt.* Ces deux larrons en foire. Einst wollten sie Preußen dem Markgrafen von Schwedt überantworten. Ihr und ich sollten umkommen in dem brennenden Schloß.

FRIEDRICH WILHELM. Das ist lange her. Aber ein Fürst und sein Haus sind niemals sicher, sie hätten denn einen Krieg gewonnen und einen Namen vor der Welt.

FRIEDRICH. Das Werkzeug, Eure Armee, hinterlaßt Ihr mir.

FRIEDRICH WILHELM. Jetzt hab ich für dich nichts mehr, nur Worte. Habe sie aufgespart bis in meine letzte Stunde. Vielleicht, da es die letzte war, tust du nicht von allem das Gegenteil.

FRIEDRICH. Ich gehorche.

FRIEDRICH WILHELM. Solang ich da bin. Aber du hast mein Ende nie erwarten können, mauvaise tête que tu es. Unverbesserlicher Querkopf.

DIE KÖNIGIN *tritt dazwischen.* Still! Der Zorn verkürzt Eure Frist. *Friedrich geht und bemächtigt sich des Schriftstückes mit den Namen.*

DIE KÖNIGIN. Sire, Euer Sohn wird Euch Ehre machen.

FRIEDRICH WILHELM. Du hast es nötig, Frau. Glaubst du denn, was du sagst? Ich will mit Fritz allein sein. Fort in mein Zimmer! Mit ihm allein!

DIE KÖNIGIN *bricht in Weinen aus.*

FRIEDRICH WILHELM *wischt ihr mit seiner Hand die Augen.* Laß gut sein. Eine Stunde mehr zu leben, ich wäre in deinen Armen gestorben. Ich habe dir Söhne und Töchter gemacht; was hattest du noch von mir? Du konntest mir opponieren, das wirst du nicht mehr dürfen, dein Sohn wird gehandelt haben, ehe daß du seine Entschlüsse kennst.

DIE KÖNIGIN *schluchzt an seinem Gesicht.* Nimm mich mit, mein guter Mann.

FRIEDRICH WILHELM. In die Gruft, das bestimmt Gott. Auch aus deinem Witwenpalais wird er dich doch erlösen. Lebe wohl.

FRIEDRICH *mit seinem jüngeren Bruder, der hinkniet und dem Vater die Hand küßt.*

FRIEDRICH WILHELM. Lohnt sich nicht mehr, mein Junge. Sei deinem Bruder, dem König, treu, aber dafür sorgt er selbst. Ich habe für dich meinen Segen. *Er legt ihm die Hand auf. Er läßt den Rollstuhl wenden. Spricht rückwärts.* Bald kehr ich in mein Nichts zurück.

DER GEISTLICHE *trifft ein, hält das Gefährt des Königs auf.* Was muß ich hören? Majestät, in Euer Nichts? Zu Gott kehrt Ihr heim.

FRIEDRICH WILHELM. Ich meinte es, wie ich meinen soll.

OUTLINE DES WERKES

Erster Teil: Der Kronprinz

Der spätere König Friedrich als Jüngling; sein erstes Auf-
treten auf dem Exerzierplatz in Potsdam. Sein Vater, der
gegenwärtige König Friedrich Wilhelm, mit dem Regiment der »langen Kerle«. Man sieht den »preußischen
Drill« und seinen Erfinder, den Fürsten von Anhalt (»der
alte Dessauer«). Friedrich, der selbst vom König be-
drückt und mißhandelt ist, empört sich gegen den Miß-
brauch der Menschen, dem er beiwohnt.

König Friedrich Wilhelm in den Straßen seiner Hauptstadt Berlin. Er vergreift sich tätlich an seinen Untertanen, wie vorher an den Soldaten. Begegnung mit dem
Gesandten des Wiener Hofes, Graf Seckendorf. Der König beschwert sich und droht mit seiner Armee, die un-
verhältnismäßig groß ist, aber Kriegführen ist gegen seine Natur.

Auch seine Familie wird vom König roh behandelt; die
beiden schon herangewachsenen Kinder, Friedrich und
Wilhelmine, sind mit Prügeln erzogen. Aber sie haben
einen französischen Lehrer. Der König mißtraut seiner
Gemahlin, er fürchtet Gift. Der Despot verfällt unver-
mittelt in eine ungesunde Demut, die er christlich nennt.

Friedrich kann nur seiner Schwester und dem Franzosen
Duhan zeigen, wer er damals wirklich ist: ein Idealist 'von
hohem Flug und unerfahrenem Ehrgeiz. Lesen muß er
heimlich und liest französisch. Kann er nicht König von
Frankreich sein, dann wäre er gern ein französischer Vasall.

Während er die Flöte bläst und seine Schwester die Harfe spielt, erscheint ihnen das ersehnte Vorbild, der Hof von Versailles mit König Ludwig dem Fünfzehnten, der jung wie Friedrich und schon der »Vielgeliebte« in all seinem Glanz ist.

Die Wirklichkeit ist, daß ihm sogar sein französischer Freund genommen wird: Friedrich bekommt zwei preußische Offiziere als Gouverneure. Der strenge Vater ist aber nicht nur fromm, sondern abergläubisch: er läßt dem Sohn die Zukunft wahrsagen. Sie ist doppelsinnig: erstaunliche Erhöhung und Versuchung des Selbstmordes.

Das häßliche Schloß Wusterhausen in trüber Gegend ist der Sommeraufenthalt des Königs und seiner Familie. Friedrich lernt Verstellung und List von seinen Gouverneuren, die nicht seine Freunde sind; von dem betrügerischen, käuflichen Minister Grumbkow. Er späht in das Fenster, als der König seiner Frau und Tochter eine furchtbare Scene macht wegen der beiden englischen Heiraten, die von der Königin für die Kinder betrieben werden. Friedrich beschließt, falsch und intrigant zu sein, wofür er die Anlagen offenbar mitbringt. Die Vorgänge tun das Übrige.

Der König ist mit Recht oder Unrecht besorgt, daß er entthront werden könnte. In der Verteidigung seiner Krone steht Friedrich ihm erbittert bei. Aber gerade auf den Sohn ist der König eifersüchtig. Der König läßt ihn die Enttäuschungen in der englischen Sache entgelten. Er verdenkt es ihm, daß die Armee den Kronprinzen mehr liebt als ihn selbst (Scene auf der Landstraße). Er kauft die Umgebung der Königin; ihre »Ehrendame« verrät ihm, der Prinz von Wales werde, mit heimlicher Genehmigung des Königs Georg, nach Deutschland flüchten, um Prinzessin Wilhelmine zu heiraten. Der König gibt an diesem Skandal dem Sohn die Schuld. Er hat nur unwürdige Vertraute: seinen Minister Grumbkow, der vom kaiserlichen Gesandten Seckendorf ein Gehalt dafür bezieht, daß er die Verbindung der preußischen und englischen Königshäuser hintertreibt; seine Spione, darunter den Hausmeister Eversmann, der auf Befehl des Königs die Königin und ihre Kinder hungern läßt.

Der junge Friedrich, dem der Vater keine weiblichen Freundschaften erlaubt, kann sich einzig seiner Schwester anvertrauen. Wilhelmine bewundert ihn, sie glaubt an seine Zukunft, Ehrgeiz hat sie nur für ihn, sie wäre sogar als Königin von England seine Dienerin. Zusammen begegnen die Geschwister allen feindlichen Machenschaften; sie verschließen sich vor ihrer unzuverlässigen Mutter, die nicht schweigen kann.

Die »Partei der Königin« am Berliner Hof betreibt mit ihr die englischen Heiraten; aber die Partei enthält Verräter, und sie ist ohne Voraussicht. Der Prinz von Wales wird an der verabredeten Flucht verhindert, seine Helfer in Deutschland verhaftet. Der englische Gesandte will bei der Königin vorgelassen werden, aber sie ist in Ohnmacht gefallen. Friedrich empfängt Sir Hotham; er hat mit ihm eine Auseinandersetzung über Kabinettspolitik und Parlamentsherrschaft; auf einen Brief, den der Gesandte fallen läßt, setzt Friedrich schnell den Fuß. Der König von England schreibt dem König von Preußen seine Zustimmung zu den beiden Heiraten, dies in dem Augenblick, wo ein öffentlicher Skandal sie unmöglich macht. Friedrich behält den Brief, um ihn nach seiner Weise zu benutzen.

In Monbijou, dem Lustschloß der Königin, wird Zar Peter der Große als Gast erwartet. Er erscheint mit der sonderbaren Zarin und einem grotesken Gefolge von lauter Ammen; jede hat vom Zaren ein Kind. Die Gäste vergnügen sich, die zierliche Einrichtung des Schlosses zu zerschlagen. Die Königliche Familie beteiligt sich im Übermut der Verzweiflung. Für die Preußen steht es fest, daß die Russen »Barbaren« sind.

Bei dem Gelage zu Ehren des Zaren stellt sich heraus, daß in den Augen der Russen die Preußen die »Barbaren« sind. Die Unmäßigkeit im Essen und Trinken wird begleitet von fortwährenden Schießereien des Militärs, das vor den Fenstern des Saales aufgestellt ist. Die fremden Gesandten blicken düster auf die Lage Europas: die Rivalitäten der Großmächte erschöpfen sich in irrsinnigen Intriguen; der Krieg wird herbeigeführt werden durch einen ehrgeizigen Militärstaat wie Preußen. Hier bringt der Kronprinz Friedrich die Verschwörung gegen seinen Vater zum Ausbruch und Scheitern.*

Here also Frederick plays the letter of the King of England into his father's hands, and the two betrothals are being announced. For one moment Frederick may recognize the love of his father; yet the reconciliation and harmony of the two remains seriously threatened. The Tsar has an attack; he awakes from his unconsciousness just in time to witness the duelling of Anhalt and Grumbkow; their treacheries and briberies (treachery and corruption) finally made them enemies of each other. Peter's judgment of Prussia is herewith finished. The various parts of

* Vom Text der folgenden vier Absätze liegt nur eine englische Fassung vor.

this scene are overlapping while the crowd of drinkers makes a great deal of noise and two courtjesters play their pranks; the Prussian President of the Academy and a Russian princess.

The Journey to Dresden. – In an archaic elegant state-coach, King and Crown Prince are travelling from early in the morning until late at night. At the outset. Frederick William feels ill-at-ease at the thought of the famous and rich court of Augustus the Strong. He has to pay a visit to this Elector, because also he himself of late has become an ally of the Emperor of Vienna. The English Alliance has come to nought, the Prince of Wales as the new king broke off the Prussian betrothals. Frederick easily gives up England: to conquer Saxony lies nearer. His first trip »abroad« immediately stirs up his bellicose greed, which he will later on materialize. This far has his education from a benevolent philosopher to a malicious man of deed developed, at this point already. Incidentally (by the way) the rickety coach collapses close before the arrival; the Royal passengers hold their entry to Dresden at nighttime on foot. – Soon at fire breaks out in the house where they are being lodged; with great effort the King is saved through the window, the Crown Prince jumps out alone.

Supper at the Castle of Augustus the Strong, who is un-dermined from debauchery (dissipation). The corpulent Electorprince knows disgust already in the midst of the pleasures of life (indulgence.) The Prussian personages must be completely won over to the Emperor and his loyal Elector of Saxony, King of Poland. Frederick William, as usual, shows himself in bad mood, suspicious, and voracious. In reality he does not protest to anything, he

127

even offers his young daughter Wilhelmine to the aging king. Frederick, on the other hand, by the sumptuousness and weakness of this court is only strengthened in his greed to possess all this. An Italian Concert intoxicates him but does not make him milder (more gentle). The spectacle of the carnival has the same effect. The Saxons despair of getting on with »these people«. But one last attempt (resort) is left to the Elector: he will show Countess Orzelska to them.

Countess Orzelska, of Polish-French descent, is an illegitimate daughter of Augustus the Strong; no one resists her beauty, especially when she lies in an artistically furnished and illuminated cabinet, and the spectacle of her is presented unexpectedly. This is exactly what the Elector does. The King of Prussia is seized by irresistible discomforts, his friend of Saxony has to take him away. Young Frederick remains alone with the first woman whom he sees naked. He would be defenceless against seduction; but in addition he is seeking glory. He and Countess Orzelska will be the talk of all the Courts; they will also talk about the jealousy of her father, the Elector, for the relations between father and daughter are questionable. Frederick is agreeable to the lady because he is new and innocent, and because with it her own fame will gain. Yet Elector Augustus finding the door bolted (locked) is half-way misled (deceived). He arranged for Frederick a rendezvous (date) with the italian singer (diva) who had inspired the youth. Frederick accepts eagerly; Countess Orzelska understands what he means: the two came to an agreement since long (long ago).

Friedrich erkrankt aus Sehnsucht nach der Gräfin Orzelska. Er sieht sie wieder und wird gesund. Er hat andere Aben-

128

teuer; sein ungezügeltes Leben führt zu dem entscheidenden Konflikt mit dem Vater.

Der Fluchtversuch. Friedrich wird vor der französischen
Grenze verhaftet und in die Festung Küstrin gesetzt. Sein
Freund Katte wird vor seinen Augen hingerichtet. Er
selbst erwartet das Todesurteil (für »Desertion«). Der
König, sein Vater, begnadigt ihn nur auf Zureden des
Kaisers in Wien (dessen Erbländer nachher von dem
König Friedrich angegriffen werden).

Jahre des Dienstes, bis der König seinem Sohn die volle
Freiheit wiedergibt. Dann bezieht Friedrich sein eigenes
Schloß Rheinsberg, genießt die Gesellschaft von Freunden,
treibt Studien und Musik. Es ist seine glückliche Zeit.

In dieselbe Zeit fällt der Rheinfeldzug gegen Frankreich.
Die Kaiserlichen Truppen stehen unter dem Befehl des
Prinzen Eugen, den Friedrich lange bewundert hat. Er
selbst darf das preußische Hilfskorps führen; er findet
Eugen gealtert und gelangt zu der Meinung, daß der
preußische Drill ihm selbst und seinem Heer die Über-
legenheit im Krieg mit Österreich sichern würde. Was
sich wirklich schon hier erweist, ist die Rücksichtslosigkeit
der preußischen Kriegsführung, die Erpressungen und
Plünderungen. Friedrich, sonst ein Philosoph und zartes
Gemüt, wird hart und bedenkenlos, sobald er handelt.

Zweiter Teil: Der König

König Friedrich Wilhelm stirbt versöhnt mit seinem Sohn
und Nachfolger: Gegensätze bestehen nicht mehr. Friedrich wird als König, strenger als sein Vater, alle Preußen

zu Soldaten machen, sein Staat wird ein verschanztes
Lager sein, mit der einzigen Bestimmung, mehr Land zu
erobern. Ebensowenig wie die Menschenrechte seiner
Untertanen achtet König Friedrich das Völkerrecht. Er
wird während zweier Jahrzehnte das ganze Europa in
einen Krieg aller gegen alle stürzen: dies einzig für seinen
persönlichen Ruhm und die Vergrößerung des Hauses
Brandenburg.

Die jetzt folgende Geschichte des Königs Friedrich hat als
erste Voraussetzung, daß er kein deutscher Fürst, sondern
im Gegenteil der Feind des Reiches und des Kaisers ist.
Einem einzigen ordnet er sich unter, dem König von
Frankreich. Er macht sich zum abhängigen Verbündeten
Ludwigs XV. zuerst gegen Habsburg, gegen Deutschland;
als aber Ludwig auf die Gegenseite übergeht, begreift
Friedrich die Trennung nicht. Er bliebe zu gern ein
französischer Vasall.

Seine Sprache und sein nächster Umgang sind französisch.
Geistig beherrscht ihn Voltaire. Er glaubt, mit aller Barbarei seines Preußentums, dennoch auf der Höhe der
französischen Kultur zu sein. Die Veränderungen in
Frankreich entgehen ihm. Die Revolution (die wenige
Jahre nach seinem Tode ausbrechen soll) hat er nie vor-
ausgeahnt. Der amerikanische Befreiungskrieg, den er
noch erlebt, bleibt ihm fremd. Endlich stirbt er, veraltet
und vereinsamt, als ein absoluter Fürst im Stil des längst
vergangenen vierzehnten Ludwig. Sein einziger Erfolg,
die Wegnahme Schlesiens, fällt in seine Anfänge. Der
spätere, siebenjährige Krieg trägt ihm nichts weiter ein
als den Beinamen »der Große«, für seine Ausdauer im
Kriegführen. Als endlich auch er die Waffen niederlegt,
haben alle anderen Mitkämpfer und Gegner sowohl ihren
wie seinen Krieg seit langem satt. Europa ist verarmt.
England hat im Schutz der europäischen Verwirrungen

sein Kolonialreich gegründet. Deutschland und Preußen
sind verwüstet.

Das Alter des Königs sollte ihm dienen, wieder gutzu-
machen. Er tut dies nur im kleinsten Maße, während er
als Repräsentant seiner Größe teure Prachtbauten auf-
führt und den fremden Besuchern seiner berühmten Gestalt das Schauspiel theatralischer Militärparaden gibt. Er
endet als der letzte bedeutende Vertreter seiner Gattung:
das »gekrönte Haupt« mit dem einzigen Beruf, sich aus-
zuleben, und das ist geschehen, sonst nichts. Späte Folgen
für Deutschland, Europa und die Welt können vorausgesehen werden und müssen von selbst hervorgehen aus
den Bildern und Scenen dieser »Traurigen Geschichte von
Friedrich dem Großen«.

Handlung:

1. Kaum zur Regierung gelangt, dringt er in Schlesien ein,
noch bevor sein Ultimatum oder seine Kriegserklärung in
Wien sein können. (Scene am Wiener Hof; Auftritt Maria
Theresias; Schlachten- und Lagerscenen.)

2. Er erobert Schlesien, weil der Augenblick günstig ist:
der Kaiser gestorben, ohne einen männlichen Nachfolger;
die junge Maria Theresia unerfahren, schlecht beraten;
die österreichische Armee hat hinter sich den schwierigen
Türkenkrieg. Der Wiener Hof könnte auf den Angriff
gefaßt sein, hat aber die Abwehr nicht vorbereitet.

3. Trotzdem kommen militärische Mißerfolge Friedrichs
vor. Die gelungene Eroberung bleibt fragwürdig. Um sie
zu halten, beschließt Friedrich den zweiten schlesischen
Krieg – auch wieder bevor Wien ihn unternimmt. Der

König von Preußen ist im Vorteil durch sein Bündnis mit dem König von Frankreich; andernfalls könnte die tatsächliche Übermacht Österreichs nicht lange unwirksam bleiben. Der König von Preußen ruft die Franzosen nach Deutschland. Sie gelangen bis Prag und müssen dort kapitulieren, nachdem Friedrich aus Böhmen verdrängt ist. Weder in Böhmen noch in Sachsen hat er sich festsetzen können. (Scene in Versailles, Wien, Berlin und auf den Kriegsschauplätzen.)

4. England, dessen König der Kurfürst von Hannover ist, läßt während der sogenannten schlesischen Kriege, hinter denen Wichtigeres vorgeht, die hannoverschen Truppen, samt den britischen, gegen Frankreich ins Feld ziehen. Schlacht bei Fontenoy, wo König Ludwig persönlich den Sieg entscheidet. Die Herzogin von Châteauroux, die ihren königlichen Freund diesmal zum Helden gemacht hat, bleibt dem König von Preußen teuer. Er weiß und spricht aus, daß er ebensosehr die Sache Frankreichs wie seine eigene führt. Dies befriedigt seine Neigungen ganz: Schlesien für ihn, das Elsaß für seinen übergeordneten Verbündeten, und für beide die Schwächung Deutschlands. Soweit geht alles gut.

5. Die Pause zwischen den beiden schlesischen Kriegen und dem siebenjährigen Krieg. Friedrich erbaut sein Schloß Sanssouci; er umgibt sich mit französischen Schöngeistern, denen er Gehälter zahlt: auch Voltaire kommt, als er zeitweilig in Frankreich unmöglich ist. Die reichliche Muße des Königs vergeht bei fünfstündigen Mahlzeiten und mit Flötenkonzerten. Er nennt sich den Philosophen von Sanssouci; er spielt den Weltabgewandten, was er keineswegs ist, und den Einsamen: der ist er nur, weil es wirkliche Freundschaft für ihn nicht geben kann. Seine Natur ist

tyrannisch; ein Rekrut, den er gekauft hat, und sein Gast Voltaire sind vor seinem »gekrönten Haupt« im Grunde gleich. Da der König bei Voltaire an den Falschen kommt, erfolgt ein Zusammenstoß ohnegleichen, die Flucht des berühmtesten Mannes, den das Jahrhundert hat, aus Preußen, seine Verhaftung in Frankfurt auf Betreiben des Königs und eine intime Feindschaft der beiden für den ganzen Rest des Lebens. Indessen brauchen sie einander, um sich gegenseitig zur Geltung zu bringen. Voltaire ist es, der mit seinem Einfluß bei den europäischen Höfen den Namen Friedrich wirklich groß macht.

6. Die Propaganda: Friedrich hat sie als das Mittel erkannt, um einen Krieg halbwegs zu gewinnen noch vor Beginn. Hierin, wenn sonst nicht, ist er schöpferisch. Scenen in Versailles, Wien, London und Sankt Petersburg; überall steht im Mittelpunkt des Interesses, der Intriguen und Befürchtungen dieser ruhmsüchtige König eines unbedeutenden Landes, das er weit hinter sich läßt. Seine Agitation, während er den Philosophen spielt, ist unverbrüchlich gegen Wien gerichtet. Er erreicht mit der Beihilfe Frankreichs die Wahl eines Kaisers, der zum erstenmal seit Jahrhunderten kein Habsburger ist. Dieser Kurfürst von Bayern, ein Schattenkaiser, wird sterben, ohne daß er den Unternehmungen des Königs von Preußen viel nützen konnte. Die Zarin Elisabeth, Freundin Maria Theresias, bleibt unzugänglich. Gewonnen wird England, für das es sich immer um die Schwächung der anderen Kolonialmacht Frankreich handelt. Der König von Frankreich aber wechselt unter dem Einfluß der Marquise von Pompadour die Partei; er verbündet sich seinem bisherigen Erbfeind Österreich.

7. Der Krieg, der sich sieben Jahre hinziehen soll, ist

erstens völlig überflüssig; niemand bestreitet dem König von Preußen seinen Besitz; der Wiener Hof hat größere Sorgen als die Wiedereroberung Schlesiens. Der Krieg wird für Friedrich von vornherein aussichtslos durch das Zusammengehen der beiden kontinentalen Hauptmächte Frankreich und Österreich. Einbegriffen ist das Deutsche Reich: der Herzog von Lothringen, Gemahl Maria Theresias, ist deutscher Kaiser. Die Hauptsache: Frankreich hat Friedrich verlassen, sein vorgesetzter Souverain, der König von Frankreich, ermutigt ihn nicht länger; es beeinträchtigt sein gutes Gewissen und seine Kraft der Entschließung, daß die Sache Frankreichs nicht auch die seine sein soll. Er hat die Marquise von Pompadour höchst giftig beschimpft und ganz undiplomatisch seine Lage verschlechtert. Eine Herzogin von Châteauroux, die in seinem Sinne Krieg führte, wäre ihm auch jetzt genehm; er hätte dann seine Argumente gegen seine drei Feindinnen, die französische, österreichische, russische, nicht dem sexuellen Gebiet entnommen. Nunmehr ist er darauf angewiesen, in die Welt zu schreien, daß er als der einzige Mann gegen drei Nutten kämpft, und die hetzen auf ihn das ganze Europa.

8. Der siebenjährige Krieg. Er macht ihn trotz besserem Wissen und eigentlich in Verzweiflung: ein Vabanque-Spieler. Aber sein Beruf ist der Ruhm, und zwar der militärische; der literarische wäre unzulänglich, so heiß er ihn immer erstrebt hat, mit Memoiren, die Propagandaschriften sind, und mit Unmengen französischer Verse. Die meisten Verse verfertigt er gerade im Krieg, während er besser täte, auf den Feind zu passen, und versäumt darüber viel. Seine Fehler häufen sich in sieben Jahren, er verliert mindestens so viele Schlachten als er gewinnt und gewinnt keineswegs den Krieg: er übersteht ihn nur.

Seine Ausrede, das ganze Europa sei zu seinem Untergang verschworen, stimmt nicht. Erstens hat er immer Geld, da England ihm größere Subsidien leistet als jedem vor ihm. Ferner wollen weder Frankreich noch Rußland ihn vernichten, nur ihn nicht stärker werden lassen als für ihre Zwecke nötig. Die französischen Armeen kämpfen, nachlässig geführt, ausschließlich im Westen Deutschlands gegen die deutschen Hilfstruppen Englands. Die Generäle der Zarin haben Befehl, nach jedem Erfolg über Friedrich sich alsbald zurückzuziehen.

9. Die Tragik Friedrichs wird darum nicht vermindert. Die Niederlagen sind nachhaltiger als die Triumphe, deren größter, der Sieg über die Franzosen bei Roßbach, ihm sogar unerwünscht kommt. Sein General gewinnt die Schlacht; Friedrich selbst hat nichts eiliger, als dem König von Frankreich zu beweisen, daß er nur gezwungen gekämpft hat. Dagegen erleidet er in Sachsen eine schmachvolle Kapitulation seiner Heerführer. Wenn die geheime Absicht dieses Krieges die Eroberung Sachsens gewesen war, die ist verfehlt. Er wird gleichzeitig in den österreichischen Erbländern geschlagen und hat niemals Wien erreicht. Dagegen besetzen die Österreicher und die Russen seine Hauptstadt Berlin und ziehen sich nur zurück, weil auch die Kaiserin Katharina kein Interesse daran findet, Preußen als Gegengewicht Österreichs zu beseitigen.

10. Die beschämenden Auskunftsmittel: der blöde Zar. – Auf Elisabeth folgt nicht sogleich Katharina. Der nächste Zar ist Iwan, ein halber Trottel, geblendet von dem Ruhm des Königs von Preußen, als dessen Diener er sich fühlt und bezeichnet. Friedrich muß ihn seinerseits »göttlich« nennen, weniger geht nicht, denn seine ganze Hoffnung ist damals dieser Schwächling, der sich von seiner Gemahlin,

der nachher »großen« Katharina, alsbald ermorden läßt. Scene am Hof von Sankt Petersburg: Verschwörung, Palastrevolution, Eindruck Katharinas auf Soldaten und Volk; der Zarenmord. – Katharina läßt ihre Heere ernstlich gegen die preußischen vorgehen, solange sie es nützlich findet. Schließlich scheinen ihr sowohl Österreich als Preußen hinreichend geschwächt. – Andererseits erkennt der Hof von Versailles nachgerade deutlich, daß ganz allein England aus diesem Krieg den Nutzen zieht. Frankreich ist durch ihn dem Bankerott und der Revolution um vieles näher gebracht worden.

11. Die beschämenden Auskunftsmittel: der Verrat am verbündeten England. – Friedrich kommt in Versailles etwas zu spät mit seinem geheim übermittelten Angebot: er wolle seinem englischen Bundesgenossen in den Rücken fallen, wenn er dafür die französische Freundschaft zurückerhalte. Er demütigt sich vor der Marquise von Pompadour, aber es hilft nicht mehr. In London bleibt man nicht ohne Kenntnis seiner Verhandlungen. Wenn es wahr wäre, so läßt er dort melden, wäre er ein ehrloser Mensch. In Versailles hört man seinen inoffiziellen Gesandten an: man traut dem König von Preußen nicht mehr, und seine Kriege hat man satt, wie alle sie satt haben. Die Propaganda für ihn wird, mit ironischer Rückendeckung, von Voltaire geführt.

12. Die beschämenden Auskunftsmittel: die Drohung mit Selbstmord. – Der Verzweiflung nahe, denn er sieht sich verloren, wendet Friedrich sich an das Gemeinschaftsgefühl der Monarchen: solle einer von ihnen in den Selbstmord getrieben werden? Die anderen Monarchen teilen ihm nicht mit, was sie von seiner eigenen Solidarität mit ihnen denken: Scenen in Versailles, Wien, London. – Übrigens

hat er nicht gewagt, die Briefe mit den Selbstmorddrohungen selbst zu unterzeichnen. Seine Schwester Wilhelmine – einst sollte sie Königin von England werden, ist jetzt aber nur Markgräfin von Bayreuth – bekommt von ihrem berühmten Bruder abwechselnd chiffrierte Briefe und offene. Diese handeln von seinem nahen Ende, die anderen von den schlauen Plänen, um durchzukommen. An Voltaire gibt sie nach Vorschrift nur die Schwanengesänge weiter. Sie hat sich kaum gewundert, daß der Tod ihres geliebten Bruders sensationell sein soll wie sein Leben. Trotz allen guten Gründen, seine Selbstmorddrohungen nicht ernst zu nehmen, mag die Schwester die einzige sein, die ihm geglaubt hat: sie wird davon kränker als sie war und stirbt. Friedrich lebt weiter.

13. Nachdem alle anderen Kriegführenden miteinander Frieden geschlossen haben, stehen wie zu Beginn Preußen und Österreich allein in Waffen; nur abgekämpft und belehrt über die Aussichtslosigkeit weiterer Anstrengungen. Maria Theresia wäre hartnäckig genug, und anders als Friedrich glaubt sie an ihre gerechte Sache; ihre Verpflichtung wäre, keines ihrer »armen Erbländer« in die Hände des »bösen Mannes« fallen zu lassen. Aber Schlesien hat er schon; um es ihm wegzunehmen, was sie wohl könnte, sie ist zuletzt die Stärkere, müßte sie den übrigen Teilen ihrer Monarchie an Opfern mehr zumuten als noch lohnt. Der König von Preußen ist gerade dadurch der Überlegene, daß er Opfer nie schonen oder bereuen muß. Sein Königreich besitzt er wie ein Rittergut; das Vermögen seiner Untertanen ist das seine, ihr Leben gehört nicht ihnen, sondern dem König. Was nach seinen ebenso leichtfertigen wie barbarischen Kriegen von seinen Untertanen übrig ist, läßt er leben, weil ein noch so berühmter König leider nicht ohne Untertanen auskommt. Es müssen sogar

mehr, immer mehr werden. Unter ihm hat sich die Zahl
der Preußen von zweieinhalb auf fünf Millionen ver-
mehrt: er hatte schnellere Erfolge erwartet. Nach allem,
was getan ist, sieht er sich dennoch nur »vor der Schwelle
des Gelobten Landes«, das er nicht betreten wird. Übrigens ist ihm unbekannt, ob ein Gelobtes Land auch nur
in der Zukunft liegt, und es kann ihm gleich sein: für
seinen persönlichen Ruhm wenigstens ist gesorgt.

14. Die traurige Geschichte, Scene Sanssouci. Als alter
Mann, sonst unbesorgt, kehrt er heim aus sieben Jahren
vermeidbarer und vergeblicher Verwüstungen. Er ist klug
genug, um zu wissen, welche Aufgabe ihm übrigbliebe;
nur beansprucht die Pflege seiner eigenen Größe den besseren Teil der Aufmerksamkeit, die er dem Lande zu-
wenden sollte, und auch das meiste Geld. Er leidet mehr
oder weniger bewußt unter dem Mißverhältnis zwischen
seinem wirklichen Zustand und der Illusion eines Na-
mens, der auf zweifelhafte Weise erworben ist. Noch
empfindlicher, noch unverträglicher als vor Zeiten, vereinsamt er; er wird wunderlich. Zweimal jährlich taucht
er in seiner Hauptstadt auf: zum Carneval, sehr barock,
mit einem Kamel, das seine Sammlung diamantenge-
schmückter Tabaksdosen trägt; und das andere Mal bei
einer noch eitleren Truppenschau. Er kontrollierte seinen
Ruhm bei den ausländischen Besuchern, denen er vor-
führte, wie er in den vergangenen Schlachten gesiegt
haben wollte: mit geheimnisvollen strategischen Kunst-
griffen, die niemals wirklich stattgehabt haben. Der »alte
Fritz« schwindelt, genau wie der junge grundsätzlich alle
Welt immer betrogen hatte: nur so verstand er die Beziehungen von Mensch zu Mensch und von Macht zu
Macht. Die väterliche Erziehung, die ihn heucheln lehrte,
wirkt bis an sein Ende nach. Die Roheit, Rachsucht und

Falschheit, die seine Handlungen lebenslang kennzeichnen, sind gleichfalls ererbter Besitz: er hat dies alles nur gesteigert bis ins Überlebensgroße. Unterstützt wurden seine Neigungen von der allgemeinen Vorliebe des Jahrhunderts für Intrigue, für Rivalitäten, die nur wenige angingen und die zu »Kabinettskriegen« führten. Niemand war absolut wie der König von Preußen; niemand repräsentierte daher wie er die böse Seite des Zeitalters. Sich zu corrigieren, hat er nicht versucht, es war ihm nicht gegeben; aber vielfach übte er sich in der anderen Seite seines Wesens, in Freundschaft, Philosophie und Musik. Sein Alter wird hiervon nur trauriger: Abhängige wohnen bei, wenn er sich auf der Flöte produziert; Freunde, die mit ihm philosophieren, stellen sich nicht ein oder wären seinem verknöcherten Eigensinn nicht mehr erträglich. In seinem verschlossenen Kabinett widmet er der Regierung seines Königreiches nur eine Stunde täglich. Aber mit internationalem Intriguieren hat er nie aufgehört, besonders, wie eh und je, gegen Österreich. Die Teilung Polens ist sein Werk, obwohl er dem Hof von Sankt Petersburg überließ, sie abzuschließen. Allein mit sich, hat der Kriegsheld der Vergangenheit, dessen unfehlbar gedrillte Armee schon in der nächsten Generation vollständig geschlagen werden soll, zweifellos hat er Besucher empfangen: unsichtbare, die nur ihm erschienen, und waren fast alle schon tot. Die Person, die er keinen Augenblick seines Lebens vergessen, der Geist, den er immer für das höhere Vorbild seines eigenen gehalten hat, Voltaire, starb noch vor ihm, fern von ihm; die beiden haben bis zuletzt verkehrt, in Briefen voll der alten zwiespältigen Reden und Gefühle. Gewiß kam Voltaire in seiner Todesstunde zu Friedrich. Auch die Kritiker sind nicht ausgeblieben: er wußte selbst zu gut, wie es um ihn stand und was sein Nachfolger auf dem europäischen

Schauplatz gegen ihn würde einwenden können. Napo-
leon war noch nicht da. Körperlos ist er dennoch bei
Friedrich eingetreten und hat ihm, der auf ein leeres
Ende starrte, einen schwachen, aber trostlosen Schimmer
der Wahrheit vorgehalten. Die Totenmaske des großen
Königs sieht gar nicht nach Erlösung, gar nicht nach
Verklärung aus.

Der König von Preußen

EIN ESSAY

Friedrich der Große hat die Russen seines Jahrhunderts barbarisch genannt. Wenn sie Berlin besetzt hatten, zogen sie sich bei Winters Anfang in ihre Eiswüste zurück, stellte er fest; ließ indes weg, daß auch er, wie üblich, nur im Sommer Krieg führte. Friedrich, obwohl Rußland benachbart, obwohl an der Spitze einer Monarchie, die dem Zarismus folgte, um sich stark zu machen gegen Wien und das Reich – sagte »barbarisch«.

Er sprach und schrieb es hin, als wäre er ein Franzose gewesen. Frankreich auf einem seiner geistigen und weltlichen Gipfel sah wen man will barbarisch. Preußen sah es bis zu Friedrich weder gesittet noch wild. Die Barbarei hat ihre Größe. Die Untertänigkeit hat keine. Frankreich und Europa machten die Bekanntschaft des einzigen roi de Prusse: der ist er geblieben.

Friedrich hat seinem kleinen Preußen den Ruf der Größe nicht beigelegt: um so mehr sich selbst. Er wurde unter den Herrschern der berühmte Mann – weniger durch seine gewonnenen Schlachten, verloren hat er ebenso viele, und keinen seiner Feldzüge beendete er anders als durch Vergleich.

Eine Provinz, die er niemals ganz, dafür seit dem ersten Tag erobert hatte, gibt keinen Ausgleich für ein Leben in Feindschaft, wie es nicht sieben, sondern zwanzig Jahre lang das seine war. Aber er begehrte nach Ruhm. Nur nach Ruhm begehrte er mit Ausdauer, mit Gleichgültigkeit gegen das vollzogene Unheil, mit einer persönlichen Hingabe bis nahe dem Märtyrertum. Der Ruhm widersteht keinem wahrhaft Ruhmbegierigen.

Der Ruhm ist erreichbar, wenn der Begehrende ein unbeschränkter König ist. »Ce ne'est pas si mal que d'être roi de Prusse«, stellte er fest – und schlug seine Schlachten selbst. Seine Generäle waren da, um eine verlorene Situation zu retten, und schlimmsten Falls verrieten sie ihn.

Er – groß vorne. Er – der Herr über das Leben und Eigentum jedes Preußen. Ein Land mit nichts als Soldaten, mit dem Krieg als einzigem Geschäft, aber das Geschäft zahlte nicht, war auch nicht darum unternommen. Der Krieg eine preußische Industrie, wenn dies jemals zugetroffen hat, dann nicht auf Friedrich. Sein Königreich ist durch seine Gegner verwüstet, durch ihn selbst verelendet worden, an dem Rest seines Daseins hätte er nicht genug gehabt, die Städte wieder aufzubauen. Er baute lieber Schlösser für seinen Ruhm.

Sein Bruder Heinrich erklärte bei Tisch in Weimar, das er sich hierfür aussuchte, und vor den Ohren Goethes: die ganze Strategie seines königlichen Bruders erschöpfe sich darin, Schlachten herauszufordern. Das versteht sich. Wenn eine Schlacht verloren geht durch falsche Einzelheiten oder weil sie selbst ein Fehler war, die anschaulichste Handlung eines Feldherrn bleibt sie immer. Dieser hier macht seinen Weg entweder spektakulär oder gar nicht. Eine geräuschvolle Niederlage tut mehr als leise Erfolge vermöchten, für seinen Ruhm: es ist der sensationelle Ruhm eines gekrönten Empörers gegen Europa.

Beachtung verlangt auch, daß er bei seinem Volk nichts wagte – die Preußen, ihren König absetzen! – und daß kein Staat seines Jahrhunderts nach unglücklichen Kriegen von den Stärkeren aufgelöst worden ist. Geteilt wurde Polen, das nicht gekämpft hatte, und wer die Abweichung betrieb, war Friedrich. Ihn trug die gründlichste Verbundenheit der christlichen Monarchien; er hat sie nicht geleugnet, hat nur gröber als andere gegen sie verstoßen. Ähnlich ließ er die Existenz Gottes zu; er behauptete einfach, die menschlichen Kleinigkeiten übersehe das höchste Wesen.

Aber Voltaire behauptete dasselbe. Eine Philosophie, die aus dem ewigen Richter einen unbeteiligten Geometer macht, läßt alle Sitten gelten, Palastrevolutionen und Zarenmorde, die Ehebrüche einer Majestät als eine Form ihrer Selbstherrlichkeit. Auch der Krieg, der eine ruhmbegierige Persönlichkeit ausdrückt, hat seine Philosophie, er bestätigt dieselbe Zivilisation. Das 18. Jahrhundert erneut und beendet die Renaissance, noch einmal kehren ihre Typen wieder, Sitten, die nicht haltbar wären, gehen dennoch in einen hohen Begriff auf, den ganz literarisch verstandenen Begriff der Zivilisation. Wäre sie unrein, der Verstöße voll, ihr Beweis und Zeuge bleibt die Sprache.

Zivilisiert war die Nation, die dachte, schrieb, deren fertige Sprache für ihre bildnerische Kraft, das heißt: für jede, zeugte. Friedrich hat das Französische »energisch« genannt. Um des Wohllautes willen – gefiel es seiner Muse. Er selbst hat diese Sprache bevorzugt als das Zeugnis von Taten, die er sich wünschte. Die Taten fand er abhängig von dem Idiom, das auch seines war. Viele müssen es geglaubt haben. Der Siegeslauf der französischen Sprache im 18. Jahrhundert ist ein Fall von literarischer Welteroberung.

Katharina, eine der Feindinnen Friedrichs, sprach wie er. Maria Theresia, die deutsch geläufiger als französisch konnte, war ihm fremder als die Zarin. Aber auch Katharina hat, wenn es sein mußte, ihr Russisch besser beherrscht, als er sein Deutsch. Ihre Ansprache an die Preobraschensky-Garde war wirksam genug, daß Zar Iwan wirklich getötet wurde. Friedrich wendete sich an seine Soldaten mit lapidaren Scheltworten. Seine Fragen unterrichtshalber, an die Bürger wegen ihrer Mühseligkeiten in seinem späten Frieden, erscheinen gezwungen munter, als hätte er sich obendrein lustig gemacht. Er war aber um den fremden Ausdruck verlegen.

Er hat das Problem der Sprache mit sich getragen, von der

Jugend her, durch Frieden und Krieg. Sie ist rauh oder geglättet, schwerfällig oder beflügelt, nachlässig oder genau. Nicht dieselben Menschen sprechen unfertig und vollendet. Friedrich hat entscheidenden Fortschritten des Deutschen beigewohnt; er kann sie nicht übersehen haben, er mochte sie nur nicht. Eine Sprache hat eigenen Wuchs oder gebraucht fremde Stützen, wofür er das Englische als einen »Dialekt« verringert. Nur wo Hof und Nation beide den literarischen Ausdruck meistern, wird die Macht eines Staates vernehmlich, überzeugt sie die Welt, anders als seine Armeen: reizvoll.

Er handelte danach, obwohl für seine Person allein; seine Person mußte Hof, Staat, Schriftsteller und Nation stellen. Aber ein Brief des Königs Friedrich an den König Louis ist ausdrucksvoller als die Antwort – nicht nur durch den Eifer für sein Anliegen, noch mehr aus Leidenschaft für das Wort. Der König von Frankreich konnte kühl bleiben und Kanzleistil schreiben.

Friedrich überzeugte sich: Das Denken oder was so heißt, das gebildete Nachreden des vorher Gedachten, mußte auch die mittleren Untertanen eines Königs schon angehen, dann war sein Königreich das erste. Die Welt ahmte ihm seinen Ausdruck nach. »La bonne société parle français«, sagt Friedrich. Die gute Gesellschaft ist die Welt, sie aber redete einmütig ihr Fremdenfranzösisch, womit sie Frankreich den Vorrang gab. Seine Militärmacht allein, auch eine größere als die wirklich aufgebotene, hätte Frankreich niemals zum Inbegriff Europas gemacht: das ist es für mehrere fremde Kontinente, nach zweihundert Jahren noch.

Katharina, wie Friedrich, wechselte Briefe mit Voltaire; der Schriftsteller sammelte die Souveräne. Sie besoldete überdies in Paris den Baron de Grimm, damit er ihr aus Literatur und Gesellschaft berichtete, was ihr am Reiz des Lebens fehlte. Ihren geistigen Umgang pflog sie dennoch zurückhaltender mit der vergnüglichsten Stadt. Friedrich, mehr ingénu als sie, nur daß er wie ein Literat war, gab sich preis. Er war für Frankreich, nicht um der Erholung willen. Sein Gegenteil vielmehr war gerade dieses Leichtnehmen der Zivilisation, das er seinen drei Feindinnen ansah: große Frauen übrigens, zwei Kaiserinnen und die Marquise.

Ihn hat die Zivilisation nicht lieblich abgelenkt, vielmehr war sie seine unruhigste Sorge. Führen Sie Ihre Kriege, mein Prinz, die Kriege eines verspäteten Landes sind es nicht, nur Ihre allein, aber das Land enthüllt Sie, es ist Ihrem Ruhm im Wege. Bringen Sie es fertig, bleiben Sie immer in Übereinstimmung mit der Philosophie, mit dem verehrten Königreich der Gesittung!

Nichts ist diesem König der »Bulgaren« nähergegangen als die böse Stelle in »Candide«, von den blauen Uniformen mit weißen Litzen. Voltaire hatte die preußische Armee nach halbwilden Gegenden verwiesen, obwohl nur aus Anlaß einer Erzählung und zum Besten ihrer Bedeutung. Wenn dies nicht eher erschwerend war. Der Brief Friedrichs, womit er die Kränkung quittiert, hat eine Haltung wie eines Schülers, der Angriffe nicht bestreiten darf. Sein geringer Vorteil ist, bitter zu verschweigen, was er besser weiß.

Frankreich, im Hinblick auf Tatsachen und Zustände, rechtfertigte natürlich unvollkommen das Gefühl seines Schülers. Nicht alles dort stand gut, stand, wie das Prinzip der Zivilisation es verlangte. Er sah es, er war kein Träumer. Aber das Gefühl ist auf den Augenschein nicht angewiesen. Seines blieb unwandelbar.

Das fortgeschrittenste Land hatte, ein seltenes Zusammentreffen, die meisten Menschen. Daher lohnten die Bemühungen um seinen Wohlstand – vergleichsweise;

denn Kriege störten immerfort das bißchen Glück, das die Mißbräuche übrigließen. Nichts aber verhinderte, daß viel und gut geschrieben wurde. Allein in der rue Saint-Jacques haben geschickte Schriftsteller, mehr als sonst in ganzen Fürstentümern, aus den Fenstern ihrer Kabinette hinabgeblickt auf das vorbeifließende Volk in braunen Röcken und gebauschten Kleidern, das ihr Stolz war. Es ist angenehm für einen Schriftsteller, der Stolz seines Volkes zu sein. Wesentlich ist, daß sein Volk sein Stolz sei.

Frankreich, die Vormacht der Zivilisation, hat sich damals nicht öfter als zweifach zu erkennen gegeben: in seiner Monarchie, in seinen Büchern. Gar nicht mit seinen Kriegen. Die Kriege des 18. Jahrhunderts tragen bei ihm die Kennzeichen wie überall. Eine Ausnahme mit Vorbehalt macht nur England. Angefangen ohne Not und ohne Klarheit durchgeführt, springen sie von Front zu Front, um jede zu verlassen. Ein festes Ziel war nie gegeben, das Ende stellt sich ein, als der Kontinent erschöpft ist, und was zurückbleibt, ist ein Großbritannien, das fortan auf seinem Weg in die Welt keiner französischen Begegnung mehr ausgesetzt ist.

Dies der Erfolg des angeblich siebenjährigen Krieges: einer Machtverschiebung, die zwanzig Jahre brauchte. Der König von Preußen lieferte den Vorwand, Frankreich und England haben ihn abwechselnd in den Dienst ihrer größeren Sache gestellt. Er hat sie getäuscht wie sie ihn. Er ging bis zu der Beteuerung, daß er der verwerflichste Mensch sein müsse, um diesmal zu lügen, und dabei log er; aber die Unzuverlässigkeit, wie der Stil der Zeit sie vorschrieb, wurde von dem Schwächeren nur wenig überboten. Die Bestechlichkeit der Höfe, Friedrich fand sie als lobenswerte Übung vor. Höchstens eine Einzelheit konnte er berichtigen. In Sankt Petersburg kaufte England den

Günstling. In Berlin erhielt die Sovereigns der König selbst.

Es ist möglich, daß die Machthaber Frankreichs ihre Zuschüsse nicht vom Ausland bezogen haben: sie bereicherten sich zu Hause. Was die anderen Hauptpunkte der Moral betrifft, ist die Bastille ein wirklich dunkler. Heute, da in Europa eine Bastille neben der anderen steht, kann das unzulängliche Vorbild niemand rühren. Es genügt, daß M. de Sartines, lieutenant de police, geweint hat, weil er der Verderbtheit der Großen (und des höchsten Herrn) nicht steuern konnte. Sie dringt aber durch jede Decke, angesteckt wird die Denkungsart der Unteren, und es bedarf vieler Philosophie, damit die braves gens es noch bleiben. Oder ihre Mittelmäßigkeit allein muß es tun.

Die Moral hob Frankreich kaum heraus: um ihretwillen hätte Friedrich nicht so reinlich unterschieden zwischen russischer Barbarei und französischer Zivilisation. Auch nach dem Leben des Königs Louis XV. ist wenigstens einmal getrachtet worden. Damit nicht genug, wurde der Attentäter Damiens, dem Volk zur Schau, gerädert und gevierteilt, als wären mehrere hundert Jahre umsonst vergangen.

Seine französischen Philosophen aber konnte Friedrich um seinen Tisch versammeln, sie kamen bereitwillig, weil ihr Staat sie verfolgte. Für seinen Staat hätte Friedrich dasselbe getan, nur die Feinde der Kirche hatten seinen Beifall. Voltaire gefiel ihm aus der Nähe so wenig wie dem König von Frankreich; aber alles was Voltaire in der Tat durchsetzte, war zum Nachteil der Kirche. Friedrich durfte sich nicht messen, weder an der Macht des Schriftstellers noch an dem Genie seiner Tragödien. Beides, und das grenzenlose Aufsehen der persönlichen Kämpfe, ergab unverkennbar den ersten Mann des Jahrhunderts.

Das Jahrhundert hat seinen unvergleichlichen Ruhm und

Glanz in einem Eroberer der Zivilisation erblickt: kein Feldherr und kein Fürst. Friedrich selbst fühlte völlig, daß der Andere ihm vorgehe. Dem ganz Alten, dessen einsames Ferney ausstrahlte um die Wette mit dem einsamen Sanssouci, hat er einreden wollen, der Alte verfüge über landesherrliche Rechte – damit sie auf gleich kämen, wie andererseits durch die französischen Verse des Königs. Er schrieb sie sein Leben lang, aber in seinen Kriegsjahren am liebsten, wenn schon die Schlacht befohlen war. »Pas mal pour une veille de bataille«, sagte er von dem Gedicht.

Der König von Frankreich überließ den besonders Berufenen natürlich die Gedichte, und ebenso leichten Mutes die Lenkung seiner Heere. Eine einzige Schlacht hat Louis selbst dirigiert – hat bei Fontenoy über die Briten und ihre deutschen Gehilfen gesiegt, ohne Fehler, ohne Schwanken, harmonisch wie nur der Geliebte eines Zeitalters. Ließ es alsbald wieder gut sein. Madame de Châteauroux hatte ihn das eine Mal bewogen vorzuführen, wer er war. Friedrich hat ihr's nie vergessen. Ihr Sieg war doppelt der seine: nicht nur militärisch.

Louis hatte wenigstens einen Tag lang seine sichere Erhabenheit aufgegeben; hatte hoffentlich einen Wink bekommen, über das Lebensgefühl eines anderen »gekrönten Hauptes«, das ohne seine Schlachten obskur wäre und mit ihnen ein Gehetzter ist. Da hat nun diese andere tête couronnée in Staub und Schweiß noch eine Entscheidung hinter sich gebracht – wie lange gilt sie. Ach, er˙möchte schlafen. Um ein Lagerfeuer aber sitzen Soldaten; grob, weil ohnedies gestorben wird, fragen sie den König, warum sie ihn heute nirgends gesehen haben in der Schlacht. Er ist vorbereitet. Aus seinem Hemd holt er, wie ein Taschenspieler, die Kugel, die ihn hätte töten können, hat aber nicht.

Kennt Louis auch das? Oh! nichts. Nach einem Sieg, der seinem Rang und Namen nichts hinzufügt, kehrt er gelassen zurück auf seinen Thron – bemerkt kaum, wessen Thron, warum so sehr verehrt. Die Zivilisation, sie ist an der Macht.

Am Hof von Versailles trägt niemand Uniform; die Marschälle sogar sind abhängig von bürgerlichen Sekretären; ein Kardinal regiert. Friedrich wünschte sich halb so viele Tage der sorglosen Gesittung, als ihnen dort Jahre hingehen. Wie der Benachteiligte, denkt er sie sich glücklich: sie würden seinen Irrtum belächeln. Er teilt ihn kaum selbst.

Er weiß: Fleury regiert schon zu lange. Der Gesandte des Königs von Preußen, jung und aufgeweckt, stürzt sich munter in das unbesonnene Spiel, um die Frage, wen Frankreich erhören wird: Wien – oder Potsdam? Das Spiel ist gefährlich, im Grunde ist es gleich hoch für alle Teile. Aber der Hof von Versailles wird seine Verluste – an England – noch lange nicht bemerken müssen.

Friedrich hat während seiner angeregtesten Intrigen niemals vergessen, daß sein Einsatz all sein Besitz war. Nicht die Krone – obwohl er sich gern einbildete, wie er, abgedankt und fertig, eine ausgerechnete Rente mit abgezählten Freunden verzehren wolle. Um seine Krone hat er wenig gezittert, aber heftig um seinen Ruhm, um die Zukunft, die einen Ruhm erst wahr macht. Zwischen seinen Gedanken an Thronentsagung und Selbstmord, schlug er, wenig im Einklang mit ihnen, den anderen Ton an: »Ich scheide auf der Schwelle des gelobten Landes. Meine Preußen – dereinst die neuen Römer.«

Warum in aller Welt nur gerade die Preußen – seine Preußen, die niemand verachtet hat wie er. Gegen Ende sprach er: »Ich bin es müde, über Sklaven zu herrschen«; aber zu fürchten ist, daß er nicht müde gesagt hat, sondern dégoûté, was strenger ist. Seine Müdigkeit, falls er nur sie beklagt hätte, stellt ihn auch nicht als glücklich hin und beweist keine Milde, weder für die Sklaven noch für ihn, der nichts Besseres gehabt hatte, um der große König zu sein.

Friedrich ist allerdings in seiner Person das vorweggenommene Preußen – Deutschland wie es eines späten Endes werden sollte. Die Überspannung der Kräfte, das ist er. »Das gefährliche Leben« für alle Tage, die herausgeforderte Entzweiung des einzelnen Landes mit der europäischen Ordnung, man erkennt ihn. Wenn er Wien unterworfen hätte, aber er konnte es nicht einmal herabsetzen, das Gefüge der Ordnung hielt – sein Erfolg würde den Anschluß an das Mittelmeer unterbrochen haben. Die Deutschen hätten ihren Versuch, aus der christlich-mediterranischen Kultur auszuscheiden, damals nicht gemacht, nur ihn gründlicher vorbereitet als seither geschehen.

Ihr eindrucksvollster Fürst hat alle seine Taten verleugnet: er lag auf Knien vor der Zivilisation. Sie sah er als die strahlende Herrscherin, der Empörer bewarb sich um ihren Abglanz. Das machte trotz allem sein gutes Gewissen. Der Ruhm lohnt nicht, wenn gegen das Gewissen durchgesetzt.

Er verhöhnte die lateinische Sprache, denn er hätte sie, wie andere Literaten, schreiben und sprechen wollen. Infolge seiner beeinträchtigten Erziehung kannte er nur durch Vermittlung der Franzosen auch Rom – und seine preußischen Römer waren eigentlich Franzosen. Ob er italienisch wenig oder gar nicht verstand, gab er doch vor, den Ariost zu lesen. Das Französische – er sagt davon ganz ruhig: »Die gute Gesellschaft spricht französisch«, als hätte die vornehmste deutsche Gesellschaft, in Weimar, nicht ihre eigene Sprache gebraucht.

Er ist fragwürdig: das rettet ihn. Er ist gemacht aus Drang hinan über sich, dies um der Liebe willen. Seine Herrschsucht hat sich schwerlich durchschaut, sie kennt aber Anfechtungen. Der Wille wäre erst vollends hart ohne Gefühle, aber diese Brust, tief innen, schwärmt. Seinen Ruhm kann er wie einen fremden, entliehenen, denken, dann verteidigt er ihn. Im vollen Besitz des Ruhmes schwindelte der alte König noch immer, um ihn glaubwürdig vorzuführen, und wem: hergereisten Zuschauern seiner Paraden. Jetzt erfand er wirklich seine »schräge Schlachtordnung«, die seinen Schlachten nur nachgesagt wurde. Er trug seinen Ruhm wie ein Schauspieler: so hat Bismarck ihn genannt.

Seine Totenmaske, die endlich die relative Wahrheit spricht, zeigt befremdliche Formen, unheimlich – unheimische. Das kommt von sehr weit her, sein »barbarisches« Rußland liegt diesseits. Friedrich hat die Russen seines Jahrhunderts barbarisch genannt, hauptsächlich um sich zu rechtfertigen vor seinem geliebten Frankreich. Das Wort war konventionell, es wurde noch verstanden. Um indessen bei der Kriegführung anzufangen, haben die Armeen des Königs von Preußen von den deutschen Ländern das blühendste, Sachsen, verwüstet, daß in Europa ein Aufschrei war. Was hätte Europa von ihnen erst sehen sollen, standen sie jemals in Wien!

Die Heere der Zarin Katharina wurden modern genug geführt, daß sie den Strategen des »ordre oblique« schlugen und zweimal in Berlin standen. Er selbst hat Moskau nie erblickt. Dresden blieb die einzige eroberte Hauptstadt, zum Glück für ihn und seinen Ruhm. So behielt er das Recht, vor Versailles als dieser Vereinzelte aufzutreten: berühmter Fürst eines unbekannten Landes, zivilisiert wie ein Vasall des Königs von Frankreich, baut aber seine Schlösser mit Fehlern gegen den Stil, und auf Sand.

Eine »tête couronnée«, wie er sich beständig nennt, und in der Tat nur der Kopf, mit großen Augen, mit dem Zopf.

Einmal ist es ihm zugestoßen, daß er auf demselben Felde ein Reichsheer und Franzosen schlagen mußte. Das war ein schwerer Tag – vor dem er gezittert hat, seit der König von Frankreich ihm nicht mehr gewogen schien, er half jetzt den Gegnern Friedrichs. Ja, für Wien tat er einiges mehr, als vorher für den König von Preußen. Welch eine Beleidigung – des Gefühls noch mehr als des Interesses! Friedrich war nicht nur im militärischen Nachteil, er war eifersüchtig. Ein Verächter der Menschheit, zu dem er sich erzogen hatte, setzt sich selbst ins Unrecht, wenn er noch leiden will unter Torheit und Vernachlässigung, unter einem kalten Herzen.

Unglücklicherweise stand er in eigener Person bei Roßbach, während er seine gewohnten Felder im Osten oder Norden suchte. Dieses hatte er nicht gewählt; es wurde ihm angeboten von mäßigen Hofgenerälen Frankreichs, unter den ungeschicktesten Umständen: er konnte nur siegen und war dazu verpflichtet. Aber er wollte nicht. Persönlich zog er sich aus der Affäre, ließ sie unentschieden, hätte sich lieber eingeschlossen mit seiner trüben Unruhe; aber erkläre das einer den preußischen Generälen! Er mußte handeln wie ihr König. Ließ sie los, und der eifrigste schlug, Ereignis ersten Ranges im Dasein Preußens, ein französisches Heer.

Das Reichsheer unterlag nebenbei, Friedrich aber verhielt sich, als hätte er über Deutsche allein triumphiert und die Franzosen wären eigentlich mit ihm gewesen. Die geschlagenen Deutschen mußten den geschlagenen Franzosen ihre Quartiere einräumen, ihre Lebensmittel überlassen, sie waren Gefangene zweiter Ordnung. Wie eine höhere Gattung genossen seine Obhut die Untertanen des Königs

von Frankreich. Es widersprach jedem preußischen Verhalten gegen Besiegte: nicht aber dem inneren Verhältnis
des Königs zu seinen einzigen Freunden. Ihr Mißgeschick
war eher das seine; seines war größer. Seine natürlichen
Verbündeten nicht nur verloren, sie sogar geschlagen
zu haben!
Er machte gut, wie er konnte. Jeder vilain französischer
Herkunft ging dem deutschen Adel vor. Die soldatische
roture, mit der er seine Sprache redete, einzig in den
Augen des roi de Prusse war allen der Offiziersrang
angeboren. Er tat mehr, er trug Sorge, daß Versailles
von seiner Verlegenheit, er sagte nicht: von seiner Scham,
erfuhr. Wenn das nicht Literatur ist! Es ist das Über-
gewicht des Herzens.
Politik war es, insofern sich Versailles noch darauf besinnen sollte, mit welchem Verbündeten es besser fuhr.
Aber das betraf diesen Feldzug nicht mehr. Unwandelbar
blieb Friedrich der Schüler Frankreichs in den lettres, in
der gloire, und komme was will, sein Freund. Hatte er
nicht das Recht, sich den Vasallen des Königs Louis zu
nennen, er wäre es lieber gewesen als nur ein Kurfürst
des heiligen römischen Reiches, mit dem Amt, knieend
einem verachteten Kaiser den Becher zu reichen.
Vasall Frankreichs, er handelte nach seinem Vermögen,
als wär' er es gewesen. Er hätte ein Dummkopf sein
müssen, um zu verkennen, daß er französische Arbeit noch
mehr als seine eigene tat, wenn er das Reich schwächte.
Voraussicht war ihm nicht gegeben. Bis in die Jahre des
letzten Louis, von denen er mehrere miterlebte, hat er an
den Bestand der französischen Monarchie geglaubt. Um
so weniger belästigte ihn ein verfrühtes Gehör für die
Schritte Napoleons.
Gleichwohl hatte niemand wie er Deutschland und den
Kontinent für ihren Eroberer reif gemacht. Er wäre be-

stimmt gewesen, seinen Nachfolger zu bewundern – wie dieser ihn. Der nächste Monarch, der seine Schlachten selbst leitet, der nächste große Mann, ganz auf sich selbst gestellt, tête couronnée aus eigener Kraft, ein Kopf, sonst nichts: Friedrich hätte ihn womöglich tiefer verehrt als ein Goethe.

Ein Dichter in Weimar schaut; er verantwortet das treffende Gefühl. Friedrich hat Zeit seines Lebens nichts anderes verantwortet, es wäre denn seinen Ruhm. Bei verschobener Lebensgrenze hätte sein altes, unernstes Vorhaben für die schlimmsten Fälle dennoch eintreten können. Abgedankt, als wohlhabender Privatmann, vielleicht ein Arzt in Venedig, wie er einst hinsprach, hätte er an dem Kaiser der Franzosen nichts auszusetzen gewußt. Der rächte ihn, vollendete ihn, ließ sein Preußen bestehen, seinen Ruhm intakt. Dies sind Abenteuer von jenseits des Lebens. Wer sagt, daß sie diesseits eindeutig sind?

Der Kaiser hat diesen anderen verstanden, mit Mitteln, die er aus sich selbst nahm. Diesen Ruhm wollte er bestätigen und vermehren durch sein Verweilen am Grabe des roi de Prusse. Irrtum, den Besuch für nichts weiter zu halten als eine Huldigung des Siegers für die ehrenvoll Unterlegenen, Preußens womöglich, oder des Toten nur insofern er der unwiderstehliche Schlachtensieger gewesen. Das war es nicht; Napoleon selbst widerlegt es. Er hat sein Urteil über die Siege und Niederlagen Friedrichs schriftlich begründet. Von den Niederlagen rechnet der Kenner einige für mehr als die Siege, die er in gekonnte und unverdiente scheidet.

Sein Besuch in der Gruft wäre danach unerklärt. Der Zustand Preußens und seiner Armee, wie er beide angetroffen hatte, rechtfertigen die Kundgebung noch weniger. Napoleon hat auch sonst seine Besiegten nicht größer gemacht, als sie waren, nur damit er selbst auf Stelzen ginge. Wenn er diesem Einen aufwartete, dann nicht umsonst, dann schwerlich gedankenlos. Friedrich hat unverstanden gelebt, und vollends unzutreffend ist sein Nachruhm. Das eine Mal hatte er Glück, als am innigsten von Zeit und Zukunft, sein Nachfolger ihn begriff.

Sein Nachfolger trug selbst an dem Vorteil und der Beschwerlichkeit, ein Wahlfranzose zu sein. Er wußte um einen König, der mit Fleiß französisch gebildet, aus Erkenntnis und Ehrgeiz französisch dachte. Die Vorbilder, die ihn für den Beruf des Feldherrn zuerst begeistert hatten, Generäle des Königs von Frankreich, waren Turenne und Condé. Tief in der Schuld der Zivilisation, hat er Frankreich statt ihrer geliebt. Sein eigener Ruhm, preußisch war er nicht gemeint, deutsch ganz und gar nicht. Der Jüngling hatte darauf bestanden: »De langue et de cœur, je suis Français.«

Die Bekenntnisse gehen für andere in andere Bekenntnisse über, unmerklich,wie Natur ihre Haut erneuert. Friedrich konnte nie vergessen. Er hat gelernt; fremd war ihm die Verwandlung. Man darf dies Treue nennen, Treue zu sich, zu allem was er liebte, wogegen er sich vergehen mußte. Die Zivilisation, er fürchtet mit keinem Verstoß sie zu schänden, er liebt sie zu sehr. Er würde, vor seinem Bewußtsein, auch seine Schwester nie geschändet haben, so nahe ihnen in Jugendtagen, von Vater und Mutter verfolgt, der Vollzug der Gefühle war.

Ein Glücksfall wie nur einer, daß ihre Heirat sie ihm nicht entführte. Auf dem Thron von England würde sie genützt haben. In Bayreuth blieb sie dies nahe Wesen, er hatte kein anderes. Ob er sie kalt abstieß oder seine verschwiegensten Sorgen mit ihr teilte, »ma sœur de Bareith« ist der Name, ohne den er seinen Ruhm nicht denkt. Früh hatten die Geschwister den Ruhm des Bruders mit vereinten Herzen geträumt. Als die Schwester krank dahingeht, sagt er auch nur: »ma sœur de Bareith«, hier aber entgeistert. Seine Welt, diese Einzige bezeugte ihm seine Welt; gerade sie soll nicht dauern? Damals war er in Aktion.

Gealtert sieht er mehr und mehr Welt von sich weichen. Die Welt bewegt, sie zu der seinen gemacht, sie genötigt, sich mit ihm zu beschäftigen, das hat er vermocht, das war sein Werk gewesen. Preußen regieren, irgend jemand besorgt es immer. Er ist ohne Sohn und Erben, gleichviel; ein Thron findet jemand, der sich darauf setzt, das bekümmert ihn nicht. Preußen, weggedacht ihn selbst, hat ihn wenig bekümmert. Ohne vorauszusehen, sitzt er dennoch in seinem Greisenzimmer von Sanssouci, schon als ein Überlebender seines Preußen, das eines noch fernen Tages beendet sein wird. Unsterblich ist sein Name, den er Frédéric schreibt. Draußen in Preußen heißt er Fritz, womit sie ihn sich aneignen. Der alte Fritz, sagt man, als kennte man ihn von jung auf, seine Seltsamkeit wäre eine Folge des Alters.

Er wird bestaunt, heißt groß; nur Liebe – für ein Phänomen wie dieses wäre Liebe zu viel verlangt von einem Volk und von den Leuten. Sie sind keineswegs zusammengelaufen, ihm vertraulich zu huldigen, erschien er einmal in der Stadt. Scheu geben sie Obacht, wenn sein Wagen vor dem Haus einer alten Prinzessin hält. Im Karneval erblickt Berlin ein Kamel beladen mit Tabaksdosen; der Alte möchte gefallen, er fällt nur auf. Hohe Personen aus Europa klopfen an sein stilles Haus, geöffnet wird nicht immer, Höflinge und Dienerschaft mögen für heute entlassen sein. Endlich zeigt sich unter der Tür eine gebeugte Gestalt in blauem Rock mit bestaubtem Kragen, die Augen streng; man muß wirklich hoch stehen, um nicht zu erschrecken.

Der regierte Staat erhält entschlossene, obwohl kurze

Weisungen. Die Papiere sind von den Vortragenden bald wieder mitgenommen, viele Stunden länger gehen bei Tafel die Reden mit französischen Denkern. Zurück in die Einsamkeit; über den Sessel vorgebeugt, großäugig starrt er auf den Tod. Das Zimmer ist wundervoll erfunden, kein besseres, um abzuscheiden, wenn einer doch dableibt. Er weiß, daß er bleibt. Er braucht nur die Tragödien seines Voltaire lautlos zu sprechen; vollends auswendig kennt er sie dank seinen alljährlichen Reisen nach dem Osten des Landes, als er im Wagen immer diese las. Nach dem Westen, in beschämende Nähe eines allzu verehrten Landes, ist er nie gefahren, seit jener Flucht des gequälten Jünglings, für den aber Katte starb. Friedrich stirbt nicht.

Lebt er dereinst mit keinem Staat mehr, dann um so sicherer in der Tragödie, die er sich selbst schrieb. Sein zerrissenes Königreich – vergangen. Übrig – der König von Preußen.

ÜBERSETZUNG
FREMDSPRACHIGER TEXTSTELLEN
IM FRAGMENT

SEITE 9

Quatre-vingt-dix,
quatre-vingt-onze.

Neunzig, einundneunzig.

Je vous demande mille fois
pardon, mon cher papa!

Ich bitte Euch tausendmal
um Verzeihung, lieber Papa!

De grâce, faites-moi rentrer
dans les rangs.

Ich bitte inständigst, schickt
mich in Reih und Glied.

SEITE 10

Le roi est de mauvaise
humeur.

Der König hat schlechte
Laune.

Et si je continue, Altesse,
à mépriser votre drill?

Und wenn ich Euren Drill
auch weiterhin verachte,
Hoheit?

Gardez-vous en bien.

Hütet Euch davor.

Une menace? –
Mais non, il veut rire.

Eine Drohung? –
Aber nein, er scherzt.

SEITE 11

Battez-le-donc!

So schlagt ihn doch.

Pas content.

Nicht zufrieden.

Je m'en fiche de votre Turc.

Ich pfeife auf Euren Türken.

C'est vous que je mettrais
dans les fers.

Euch wollt ich in Eisen legen.

Une plaisanterie.

Ein Scherz.

160

Si fait, Altesse. J'ai bien vu
que les Turcs sont une
nation barbare.

Ja, freilich, Hoheit. Ich habe
gesehen, daß die Türken eine
barbarische Nation sind.

Ce fut un contretemps!
Une méprise!
L'évêque de Liège ne s'en
console pas.

Das war ein widriger Zufall!
Eine Verwechslung!
Der Bischof von Lüttich ist
darüber untröstlich.

Avec la permission de Votre
Majesté, je dirai que c'en est
déjà plus que de raison.

Wenn Eure Majestät
gestattet, werde ich sagen,
daß es bereits mehr sind als
ratsam.

Vous rêvez, Sire. Qu'est-ce
qui arrive? Je vous donne un
calmant?

Ihr träumt, Sire. Was gibt es?
Soll ich Euch ein Beruhigungs-
mittel geben?

C'est sa façon d'être galant.
Vous avez de la chance
de ne pas comprendre.

Das ist seine Art,
galant zu sein. Ihr habt Glück,
daß Ihr nicht versteht.

Mais il comprend mieux
que moi.

Aber er versteht ja besser
als ich.

sûrement on me chasserait.

dann jagten sie mich bestimmt
davon.

Vous ne me répondez pas.

Ihr antwortet mir nicht.

De qui se moque-t-on?
Ma fille, vous m'effrayez.

Über wen macht Ihr Euch
lustig? Meine Tochter, Ihr
erschreckt mich.

Qu'est-ce que dit la princesse?
Si c'est une imprudence,
je ne veux pas la connaître.

Was sagt die Prinzessin?
Wenn es eine
Unvorsichtigkeit ist,
will ich sie nicht wissen.

Le roi interdit
les paravents et les lambris.

Der König verbietet
Wandschirme und Tafelwerk.

N'oubliez pas, Madame, que
vous avez embrassé la religion
calviniste. Vos coreligionnaires s'en tiennent au strict
nécessaire.

Vergeßt nicht, Madame,
daß Ihr die kalvinistische
Religion angenommen habt.
Eure Religionsgenossen
beschränken sich auf das strikt
Notwendige.

Merci de la leçon.

Danke für die Lektion.

Œufs d'esturgeon.
Pâte de gibier.

Störeier.
Wildbretpastete.

SEITE 20

Adieu, Mesdames,
vous ne me reverrez plus.
Je suis déshonoré.

Lebt wohl, meine Damen.
Ihr werdet mich nicht
wiedersehen.
Ich bin entehrt.

Ai-je la permission d'aller
lui donner la réplique?

Habe ich die Erlaubnis,
Ihm Antwort zu geben?

Monsieur de Duhan,
surveillez votre élève.
Son Altesse a trop
d'imagination.

Herr von Duhan,
beaufsichtigt Euren Schüler.
Seine Hoheit hat zu viel
Phantasie.

Marauds!

Schurken!

SEITE 21

dépenses

Ausgaben

SEITE 23

Ce séjour convient aux
  malheureux:
Va, laisse-moi le soin de mes
  destins affreux.

Für den, dem Unglück folgt,
  ist dies der rechte Ort,
Laß mein entsetzlich Los mich
  tragen, geh jetzt fort.

Et dis-moi si des dieux
  la colère inhumaine,
En accablant ce peuple,
  a respecté sa reine?

Und sag mir, ob der Götter
  unmenschlicher Grimm,
Der dieses Volk so schlug,
  verschont' die Königin?

162

Quel génie tragique
que ce Voltaire:
il nous connaît bien, nous
autres princes, jeunes et fiers.

Welch tragisches Genie
ist doch dieser Voltaire:
er kennt uns junge,
stolze Fürsten gut.

Et pourquoi y tenez-vous
tant à vous exprimer dans
cette langue de charretiers?

Und weshalb liegt Euch so
viel daran, Euch in dieser
Fuhrknechtsprache
auszudrücken?

C'est par vanité.

Es geschieht aus Eitelkeit.

c'est forcé. Mes ennemis
seront, eux, de la bonne
société: je n'en admets pas
d'autres. Comme moi, ils
auront lu Voltaire.

zwangsläufig. Meine Feinde
dagegen werden der guten
Gesellschaft angehören.
Andere lasse ich nicht zu.
Ebenso wie ich werden sie
Voltaire gelesen haben.

De cœur et de langage,
je suis Français.
Il me semble qu'en ce siècle
tout le monde doit l'être.

Dem Herzen und der Sprache
nach bin ich Franzose.
Mir scheint, in diesem Jahrhundert muß es jeder sein.

Je dis des bêtises, peut-être?

Vielleicht sage ich
Dummheiten?

Mais je saurai parler à
l'Europe.

Aber ich werde zu Europa
zu sprechen wissen.

qui les achève et les dépasse.

der sie vollendet und
übertrifft.

Pardon, Monseigneur,
d'interrompre vos rêveries.

Verzeiht, Durchlaucht,
wenn ich Eure Träumereien
unterbreche.

Le roi lui dit: allez faire vos
études; vous n'êtes pas né
militaire.

Der König hat zu ihm gesagt:
geht studieren. Ihr seid nicht
zum Soldaten geboren.

Prenez garde de ne pas
blasphémer.

Gebt acht, daß Ihr nicht
lästert.

Mon petit frère!
Une grande surprise:

Mein Brüderchen!
Eine große Überraschung:

Les belles reliures!

Was für schöne Einbände!

à la mode française

nach französischer Mode

C'est intolérable.

Das ist unerträglich.

Mais tous les rois sont
au-dessus du commun des
hommes.

Aber alle Könige stehen über
der Mehrheit der Menschen.

Peu importe.

Das spielt keine Rolle.

Jouons, c'est de notre âge.
Vous ne verrez pas
le roi Louis de si tôt.

Spielen wir, das entspricht
unserem Alter. Den König
Ludwig werdet Ihr sobald
nicht zu sehen bekommen.

Faites attention. Mesdames et
Messieurs, ce n'est pas de jeu.
On n'oblige pas le roi
de courir.

Gebt acht. Meine Damen und
Herren, das ist doch kein
Spiel. Man verpflichtet den
König nicht, zu laufen.

Monsieur, je le fais de bonne
grâce. Je saurai prendre ma
revanche.

Mein Herr, ich tu es gern.
Ich werde mich schon zu
rächen wissen.

A votre tour, Madame la
Duchesse. Allez-y.

Ihr seid an der Reihe, Frau
Herzogin. Geht.

Ça y est.

Gefangen.

Elle est prise. Vive le roi!

Sie ist gefangen.
Es lebe der König!

Voyons ce jeune Apollon.

Sehen wir uns diesen jungen

Sire, on vous trouve
adorable.

D'adorable, il n'y a ici que
vous, Madame.

J'attends vos ordres.

SEITE 29

Il est bien honnête. – Et
gracieux. – Il a la démarche
royale. – Personne ne saurait
marcher comme lui.

Ni embrasser comme lui.

Serviteur,
Madame la Duchesse.

Sire, elle est à vous.
Ne m'oubliez pas, au moins.

Comment,
vous n'en voulez pas?

Elle coûterait trop cher à
renvoyer.

SEITE 30

dignité

SEITE 31

Sous-Gouverneur

Comment? Je ne retournerais
plus chez mon ami Duhan?
Je serais séparé de ma sœur
que j'aime tant?

maintien

règles de la bonne société

Apoll an –. Sire, wir finden
Euch zum Anbeten.

Zum Anbeten seid nur Ihr,
Madame.

Ich erwarte Eure Befehle.

Er ist sehr artig. – Und
liebreizend. – Er hat einen
königlichen Gang. – Niemand
versteht zu schreiten wie er.

Noch zu küssen wie er.

Euer Diener,
Frau Herzogin.

Sire, sie gehört Euch.
Vergeßt mich wenigstens
nicht.

Wie, Ihr wollt sie nicht?

Es käme zu teuer, sie
fortzuschicken.

Würde

Untergouverneur

Wie? Ich kehrte nicht zu
meinem Freund Duhan
zurück? Ich wäre von meiner
Schwester getrennt, die ich so
liebe?

Anstand

Verhalten in der guten
Gesellschaft

SEITE 32

Non, je me trompe.
C'est Votre Majesté que je
veux dire.

Nein, ich täusche mich.
Ich will sagen, Eure Majestät.

SEITE 34

Ah! si je pouvais être roi de
France.

Ach, wenn ich doch König von
Frankreich sein könnte.

SEITE 37

ad usum principis.

zum Gebrauch des Fürsten.

La science de la guerre, c'est
encore, pour une tête couronnée, ce qu'il y a de plus honnête à connaître. La stratégie,
dans ma pensée, revient à
tromper les ennemis, aussi
bien que les amis. C'est l'art
d'être partout le plus malin.

Die Kriegswissenschaft ist für
ein gekröntes Haupt noch das
Rechtschaffenste, was es zu
lernen gibt. Die Strategie läuft
meiner Meinung nach darauf
hinaus, die Feinde ebenso wie
die Freunde zu täuschen. Sie
ist die Kunst, überall der
Pfiffigere zu sein.

SEITE 37/38

la bien nommée

das zurecht so benannte

SEITE 38

Charmant séjour?

Reizender Aufenthaltsort?

SEITE 40

Pour l'amour de Dieu,
ce pauvre roi perd la tête.

Um Himmelswillen, der arme
König verliert den Kopf.

Malheureux prince!
Vous avez les poings liés par
votre lâcheté.

Unglücklicher Prinz!
Durch Eure Feigheit sind
Euch die Hände gebunden.

SEITE 41

Si c'était pourtant vrai.
Ce marquis de Schwedt est
joli garçon, doué de forces

Und wenn es doch wahr wäre.
Dieser Markgraf von Schwedt
ist ein hübscher Kerl, offen-

physiques évidentes, d'ailleurs
bête à faire pleurer un veau.
Dans le cas où il y aurait un
complot, cette brute de duc
d'Anhalt en serait
l'instigateur.

sichtlich mit körperlichen
Kräften begabt und im übrigen
so dumm, daß es ein Kalb
erbarmen könnte. Falls es ein
Komplott gibt, so ist dieses
Scheusal, der Herzog von
Anhalt, der Anstifter.

SEITE 42

Bon sang!

Sakrament!

SEITE 43

principicule allemand

deutsche Fürstlein

SEITE 44

beaux esprits

Schöngeister

SEITE 45

Que cette maison est
délabrée.

Was ist dieses Haus doch
verfallen.

mon cher ministre

mein lieber Minister

SEITE 46

L'homme d'Etat que vous
faites, est digne de l'ancien
tricheur au jeu, que j'ai connu
dans notre belle jeunesse.

Der Staatsmann, den Ihr
abgebt, ist des ehemaligen
Falschspielers würdig, den ich
in unserer schönen Jugendzeit
gekannt habe.

SEITE 46/47

Mon compère! Vous sou-
vient-il du coup de Spa? Vous
aviez une tabatière d'or unie
sur ses bords. Lorsqu'il se
présentait quelques coups
décisifs, vous preniez une prise
de tabac, et posiez votre
tabatière assez négligemment
sur la table. Le moindre reflet

Mein Kumpan! Erinnert Ihr
Euch noch an den Streich von
Spa? Ihr hattet eine goldene
Tabaksdose, die an den Rän-
dern glatt war. Wenn irgend-
welche entscheidenden Stiche
bevorstanden, nahmt Ihr eine
Prise Tabak und stelltet Eure
Tabaksdose ziemlich lässig

167

de la tabatière vous suffisait pour connaître les cartes que vous distribuiez.	auf den Tisch. Die kleinste Widerspiegelung der Dose genügte Euch, um die Karten zu kennen, die Ihr verteiltet.

SEITE 47

Si je me rappelle nos exploits d'antan.	Und ob ich mich unserer Heldentaten von einst erinnere.
A qui le dietes-vous.	Wem sagt Ihr das?

SEITE 49

Sire! préparez-vous à une aventure des plus inattendues.	Sire! Bereitet Euch auf ein höchst unerwartetes Abenteuer vor.

SEITE 49/50

à coup de massue	mit Keulenschlägen

SEITE 50

Échec et mat.	Schach und matt.

SEITE 51

dans un joli pétrin	in einer schönen Verlegenheit

SEITE 52

dame de compagnie	Gesellschafterin
Querelles d'Allemand	Die deutschen Zänkereien

SEITE 58

lieutenant en second	Unterleutnànt
Votre Majesté a eu des bourdonnements d'oreilles.	Eure Majestät hat Ohrensausen gehabt.

SEITE 60

dépourvu d'amis sûrs, et avec ces espions qui m'entourent.	ohne zuverlässige Freunde und bei diesen Spionen, die mich umgeben.

C'est notre destin que le veut
ainsi. Vous n'avez que moi.
Je n'ai pour m'y reposer, que
le cœur de ce frère bien-aimé.

Oh! tendresse innommable.
Sensibilité jamais satisfaite.
Je vais mourir, et n'aurai pas
connu l'amour.

Laissez-moi.
Vous me faites peur.

Pardonnez à ma détresse.
C'est elle seule qui m'égare.

Je vous adore.
Jamais je n'oublierai que je
suis à vous, et à vous seul.
Je vous veux grand; advienne
que pourra, j'aurai été
heureuse.

L'heure inoubliable,
et sans retour.
Hélas! il faut nous séparer.

Qu'est-ce qui vous prend.

SEITE 62

Nous n'y couperons pas d'en
manger.

Si. C'est à ce gredin que je
ferai avaler cette saleté.

Vous n'en ferez rien.
D'abord, il rapporterait la
chose à son maître.

Enfin. Nous serions trop

So will es unser Schicksal. Ihr
habt nur mich. Ich habe, um
daran zu ruhen, nichts als das
Herz dieses geliebten Bruders.

Oh! unaussprechliche Zärt-
lichkeit! Nie befriedigte
Empfindsamkeit. Ich werde
sterben, ohne die Liebe je
kennengelernt zu haben.

Laßt mich.
Ihr macht mir angst.

Verzeiht meine Verzweiflung.
Sie allein verwirrt mich.

Ich bete Euch an. Nie werde
ich vergessen, daß ich Euch
gehöre, Euch ganz allein.
Ich will, daß Ihr groß werdet;
komme, was da mag, dann
werde ich glücklich gewesen
sein.

Unvergeßliche Stunde,
die nie wiederkehrt.
Ach, wir müssen uns trennen.

Was fällt Euch ein.

Wir werden uns davon nichts
abschneiden können, um es
zu essen.

So ist es. Aber diesen Schuft
werde ich den Dreck schlucken
lassen.

Das werdet Ihr nicht tun.
Vor allem, er hinterbrächte es
seinem Herrn.

Schließlich wären wir auch

169

bons de nous priver de
nourriture.

Il est vrai qu'il n'y a que les os
à ronger.

Et ils sentent mauvais. Pauvre
sœur! Tout à l'heure nous
causâmes de couronnes à nous
partager.

SEITE 64

cavalièrement

Il faut croire que j'avais irrité
le roi. Cela me fait de la peine
d'avoir causé du désagrement
à Votre Majesté.

enfin

Parmi tout ce monde il n'y a
qu'en seul être auquel je
confierais un secret de
quelque importance.

Qui voulez-vous dire?

L'idiot du village: celui que
vous fait pouffer de rire en
dévorant un cochon de lait
tout cru.

C'est crevant.
Madame de Ramen m'aurait
trahie?

SEITE 65

Madame, le commerce des
princes aurait dû vous
désabuser.
Peut-être que je juge des

allzu gutmütig, wenn wir uns
der Nahrung beraubten.

Freilich ist nichts da als
Knochen zum Abnagen.

Und schlecht riechen tun sie!
Arme Schwester! Eben haben
wir davon gesprochen, uns
Kronen zu teilen.

weltmännisch

Vermutlich habe ich den
König verärgert. Es macht mir
Kummer, daß ich Eurer
Majestät Unannehmlichkeiten
verursacht habe.

kurzum

Unter allen diesen Leuten gibt
es nur ein Wesen, dem ich ein
Geheimnis von irgendwelcher
Bedeutung anvertrauen würde.

Wen meint Ihr?

Den Dorftrottel: den, der
einen dazu bringt, sich vor
Lachen zu krümmen, indem
er ein Ferkel ganz roh
verschlingt.

Das ist urkomisch.
Frau von Ramen hat mich
wohl verraten?

Madame, das fürstliche
Geschäft hätte Euch die
Illusionen rauben sollen.
Vielleicht beurteile ich die

autres par moi-même.
Je soupçonne cette affaire
d'avoir des dessous
redoutables.

Tout jeune que je suis, j'ai
appris à me méfier des trappes
et des pièges.

Mais vous rêvez.

sous quelque rapport que ce
soit.

SEITE 66

Gare la casse.

SEITE 68

J'aurai bientôt perdu jusqu'à
ma dernière chemise.

Vous ferez votre jeu tout nu;
vous n'allez donc pas y
renoncer pour si peu. On
connaît les vieux braves.

SEITE 69

La favorite attittrée.

SEITE 70

Votre Altesse se trouve en
présence du parti de la reine.

Le secret n'est plus gardé:
parlons haut et clair.

Messieurs?

S'il n'est pas aux arrêts,
du moins le ministère le

anderen nach mir selbst.
Ich habe den Verdacht, daß
hinter dieser Sache Schlimmes
steckt.

So jung ich auch bin, ich habe
gelernt, mich vor Fallen und
Stricken in acht zu nehmen.

Ihr träumt ja.

in welcher Beziehung es auch
immer sei.

Achtung, Scherben.

Bald werd' ich alles bis zum
letzten Hemd verloren haben.

Dann spielt Ihr nackt weiter;
wegen so einer Kleinigkeit
werdet Ihr doch nicht aufgeben. Man kennt ja die
tapferen alten Kämpfer.

Die anerkannte Favoritin.

Eure Hoheit befindet sich in
Gegenwart der Partei der
Königin.

Das Geheimnis wird nicht
mehr gehütet: sprechen wir
laut und deutlich.

Meine Herren?

Wenn er nicht gar im Arrest
sitzt, so behält ihn das

tient-il à l'œil.

Le roi votre père en est-il instruit?

SEITE 71

Cela dépend du choix que Votre Majesté a daigné faire de ses confidents.

Tout est perdu.

Qu'on nous laisse.

SEITE 72

Je vois que vous êtes en république.

SEITE 73

Ce n'est pas la mer à boire.

SEITE 75

Mesdames!
Le Czar de toutes les Russies.

Vraiment, ce géant-là?
Mais il ne porte pas l'uniforme.

Il est bien de sa personne.
Qu'est-ce que cette naine empêtrée dans ses falbalas?

Le roi lui tend la main.
Ce serait donc la czarine?

C'est Sa Majesté impériale que a mis tout le monde en retard, s'ayant arrêté derrière un buisson, pour ses petits besoins.

Ministerium doch wenigstens im Auge.

Ist der König, Euer Vater, unterrichtet?

Das hängt davon ab, wie Eure Majestät Eure Vertrauten zu wählen geruht hat.

Alles ist verloren.

Wollet uns allein lassen.

Ich sehe, daß Ihr eine Republik habt.

Das läßt sich bewältigen.

Meine Damen!
Der Zar aller Russen.

Wirklich, der Riese dort?
Aber er hat ja keine Uniform an.

Er sieht auch so gut aus.
Wer ist denn diese Zwergin, die sich da in ihre Falbeln verwickelt?

Der König bietet ihr die Hand. Ist sie etwa die Zarin?

Ihre Kaiserliche Majestät hat die Verspätung aller verursacht, indem sie hinter einem Busch Halt gemacht hat, um eine kleine Notdurft zu verrichten.

La charmante simplicité!
On ne cherche pas à nous en
imposer. Je me sens tout
d'abord en sympathie avec la
cour de Russie.

Elle me paraît bien
nombreuse: surtout les
femmes. Il en pleut des
femmes. Ce château sera plein
comme un œuf.

Elles sont au nombre de
quatre cents. Sa Majesté la
Czarine m'a laissé le temps
d'en faire le compte approximatif, tandis qu'elle était
accroupie dans son buisson.

SEITE 76

A quoi tant de femmes
peuvent-elles bien servir?
Je n'en ai pas idée.

Vous voyez bien que ce sont
des nourrices.

C'est tout à fait curieux.

Pauvre maman! Son joli
château sera abîmé par toutes
ces filles de cuisine, et par les
en fants que le czar s'est plu à
leur faire.

Il en a fait tant que cela?
C'est un homme étonnant.
Je l'admire.

Et moi donc.

Welch reizende Einfachheit!
Man will sie uns nicht auf-
zwingen. Ich empfinde vor
allem Sympathie für den
russischen Hof.

Er scheint mir sehr zahlreich:
vor allem die Frauen. Das
ist ja eine ganz gewaltige
Menge Frauen. Das Schloß
wird bald zum Platzen voll
sein.

Vierhundert sind's.
Ihre Majestät, die Zarin, hat
mir Zeit gelassen, die unge-
fähre Anzahl festzustellen,
während sie in ihrem Busch
hockte.

Wozu können so viele Frauen
nur dienen? Ich habe nicht die
leiseste Ahnung.

Ihr seht doch, daß es Ammen
sind.

Das ist ganz eigenartig.

Arme Mama! Ihr hübsches
Schloß wird von allen diesen
Küchenmädchen und von den
Kindern, die der Zar ihnen zu
machen beliebt hat, verdorben
werden.

So viele hat er gemacht?
Das ist ja ein erstaunlicher
Mann. Ich bewundere ihn.

Und ich erst.

Cela vous amuse. On en a
pour son argent.

Das belustigt Euch. Man hat
da etwas für sein Geld.

Quels barbares que ces
Russes!

Was für Barbaren sind doch
diese Russen!

Pas plus que les autres.
Je n'en excepte que les
Français.

Nicht mehr als alle übrigen.
Ich nehme nur die Franzosen
aus.

Qu'est-ce qu'il deviendra ce
pauvre Monbijou.

Was wird nur aus dem armen
Monbijou werden?

Votre Monbijou

Euer Monbijou

A corsaire, corsaire et demi.

Auf einen Schelm setzt man
anderthalbe.

Excusez du peu.

Verzeiht, daß es so wenig ist.

Vous aussi, Monsieur, vous
adorez les écrivains français?
C'est que je suis l'humble
disciple du grand Voltaire.

Liebt Ihr gleichfalls die französischen Schriftsteller, mein
Herr? Ich bin nämlich der
bescheidene Schüler des
großen Voltaire.

The drunkard and the glutton
shall come to poverty.

Der Trunkenbold und der
Schlemmer sollen in Armut
geraten.

Notre grand Voltaire est un
des plus beaux génies du
siècle.

Unser großer Voltaire ist
eines der herrlichsten Genies
des Jahrhunderts.

Mes tragédies sont dans sa

Meine Tragödien sind in der

manière, mais je le dépasse de
la tête. C'est lui qui m'en
donna l'assurance alors que
j'eus l'honneur de l'approcher.

Art der seinen, aber ich übertreffe ihn um Hauteslänge.
Er hat es mir versichert, als ich
die Ehre hatte, in seiner
Umgebung zu sein.

SEITE 83

Vous l'avez vu.
Je n'ose pas en espérer tant.

Ihr habt ihn gesehen?
Ich wage nicht, das gleiche zu
hoffen.

Monseigneur, votre auteur
serait extrêmement flatté de
vous connaître.

Durchlaucht, Euer Autor
würde sich außerordentlich
geschmeichelt fühlen, Euch
kennenzulernen.

Vous n'y pensez pas.
Les dieux se dérobent aux
regards des mortels.

Aber nicht doch.
Die Götter entziehen sich den
Blicken der Sterblichen.

Vous êtes enthousiaste.

Ihr seid ein Enthusiast.

Et quelque peu provincial.

Und ein wenig provinziell.

Hélas.

Leider.

Monsieur de Voltaire se
glorifie d'être l'amant d'une
dame de condition.

Herr von Voltaire rühmt sich,
der Geliebte einer Dame von
Rang zu sein.

Si je pouvais l'avoir auprès de
moi, je me croirais comblé
par la fortune.

Wenn ich ihn bei mir haben
könnte, würde ich mich
glücklich schätzen.

J'en ferai le rapport.
Grâce à vous, Monseigneur,
cette cour sera parmi les plus
policées.

Ich werde es berichten.
Dank Euch, Durchlaucht,
wird dieser Hof einer der
gebildetsten sein.

SEITE 85

Philoctète, est-ce vous?
  quel coup affreux du sort
Dans ces lieux empestés
  vous fait chercher la mort?

Seid Ihr es, Philoctète?
  Welch Kummer, welche Not.
An diesem Ort der Pest
  läßt suchen Euch der Tod?

175

C'est un mal élevé.
Sa Majesté impériale me
dégoûte.

Er ist ein schlecht erzogener
Mensch. Seine Kaiserliche
Majestät widert mich an.

Take care of your dignity.
The drunkard and the glutton
shall come to poverty.

Achtet auf Eure Würde.
Der Trunkenbold und der
Schlemmer sollen in Armut
geraten.

Cela finira par des coups.

Das wird mit Schlägen enden.

Si ce n'est par des chansons.

Wenn nicht mit Liedern.

Monseigneur, que faites-vous.
Sa Majesté va annoncer vos
fiançailles, et les vôtres,
Madame.

Seine Majestät will Eure
Verlobung bekanntgeben,
und Eure auch, Madame.

Avec qui?

Mit wem?

Mais avec le prince de Wales.

Doch mit dem Prinzen von
Wales.

Ce garçon a cessé d'être
sinistre: ce n'est plus qu'un
pauvre petit.

Dieser Junge hat aufgehört,
bedrohlich zu sein. Er ist nur
noch ein armer Kerl.

La pitié est permise aux
femmes. Ce gredin de Grumbkow est, lui aussi, en train de
se perdre. Du moins, il y a un
rescapé: le czar.

Das Mitleid ist den Frauen
gestattet. Dieser Schuft, der
Grumbkow, ist auch auf dem
Wege, sich zu Grunde zu
richten. Einen Geretteten gibt
es wenigstens: den Zaren.

hommes d'esprit

geistreiche Leute

The drunkard and the glutton

Der Trunkenbold und der

shall come to poverty.	Schlemmer sollen in Armut geraten.

Tout bon.	Allen Ernstes.

Mon cher papa	Mein lieber Papa
Ne faites pas le malin.	Seid nicht naseweise.

Nous sommes frais.	Jetzt haben wir die Bescherung.

Faisons donc notre entrée solennelle.	Halten wir also unseren feierlichen Einzug.

È servito.	Es genügt.
Pas trop mal pour une débutante.	Nicht schlecht für eine Anfängerin.

Evidemment la voix n'est plus de la première fraîcheur.	Freilich hat die Stimme ihre erste Jugendfrische verloren.
Vous aimez les fausses maigres, sans doute.	Gewiß liebt Ihr die Rundlich-Schlanken.
La mollesse est délicieuse.	Das Wohlleben ist köstlich.
Mais les suites en sont terribles.	Aber seine Folgen sind furchtbar.

Très curieux.	Sehr seltsam.
Voce divina!	Göttliche Stimme!

Il n'y a que le premier pas que
coûte.

Nur der erste Schritt ist
schwer.

Sire! ce que vous avez de
mieux, ce sont vos
porcelaines.

Sire! das Beste, was Ihr habt,
sind Eure Porzellane.

A bon entendeur salut.

Wohl dem, der hat.

C'est fait.
Le roi Candaules c'est moi.

Es ist geschehen.
Der König Candaules bin ich.

J'ai lu Hérodote.
L'aventure de l'archer Gygès
ressemblait à un conte.
Elle est donc vraie.

Ich habe Herodot gelesen. Das
Abenteuer des Bogenschützen
Gyges glich einem Märchen.
Es ist also wahr.

costume de nuit

Nachtgewand

Fermez donc la porte,
Monsieur.

Schließt doch die Türe,
mein Herr.

Enfin, reprenez vos esprits.
Vous ne dites mot?

Nun, fast Euch.
Ihr sagt kein Wort?

Vous me coupez la
respiration, Madame.

Ihr raubt mir den Atem,
Madame.

Vous êtes plus jeune que je
me vous imaginais.

Ihr seid jünger, als ich Euch
mir vorgestellt habe.

Mais vous ignoriez mon
existence.

Aber Ihr wußtet doch gar
nichts von meiner Existenz.

Si je m'attendais à vous
trouver aussi bonne mine.

Wenn ich erwartet hätte,
Euch so gut aussehend zu
finden.

178

Vous m'attendiez.
Et moi, qui croyais vous
surprendre.

Ne vous donnez pas pour un
héros. On vous a ouvert ce
cabinet, où l'on m'avait
enfermée d'abord. J'ai passé
le temps à me préparer pour
cette rencontre.

Qui suis-je, pour avoir mérité
cet honneur?

Dites-le moi: je le saurai.

SEITE 112

Hélas. Je ne suis qu'un officier
étranger de passage, et me
sens fort embarrassé par
votre présence.

C'est mon costume que vous
fait reculer?

Ce sont vos charmes.
C'est la première fois que cela
m'arrive.

De voir une femme toute nue:
je l'avais deviné.

A quoi?

Mais à vos yeux trop grands et
trop clairs: à votre bouche
dont l'innocence me fait peur;
à votre égarement et à vos
larmes. Vous ne m'auriez pas

Ihr habt mich erwartet.
Und ich glaubte, Euch zu
überraschen.

Gebt Euch nicht für einen
Helden aus. Man hat Euch
dieses Kabinett geöffnet, in
das man mich zuvor ein-
geschlossen hat. Ich habe die
Zeit damit verbracht, mich
auf diese Begegnung
vorzubereiten.

Wer bin ich, daß ich diese
Ehre verdiene?

Sagt es mir: ich werde es
wissen.

Ach, ich bin nur ein durch-
reisender ausländischer Offizier und fühle mich durch
Eure Gegenwart sehr in
Verlegenheit gesetzt.

Ist mein Kostüm der Grund,
weshalb Ihr zurückweicht?

Eure Reize sind's.
Es geschieht mir zum
erstenmal.

Eine Frau ganz nackt zu
sehen: ich hatte es erraten.

Woran?

Nun, an Euren zu großen und
zu glänzenden Augen; an
Eurem Mund, dessen Unschuld
mir angst macht; an Eurer
Verwirrung und an Euren

179

menti?

Tränen. Habt Ihr mich auch nicht belogen?

Je n'ai pas appris à mentir aux déesses.

Ich habe nicht gelernt, Göttinnen anzulügen.

Les déesses s'entendent, elles, à juger les hommes.

Göttinnen verstehen es, die Menschen zu beurteilen.

Sachez que l'air emprunté vous sied. Il ne faut pas que vous le quittiez de propos délibéré: vous y perdriez.

So wisset, daß die Verlegenheit Euch kleidet. Ihr dürft sie nicht absichtlich von Euch streifen: ihr verlöret dabei.

Et il y a gros à gagner avec vous, Madame.

Und es gibt Großes bei Euch zu gewinnen, Madame.

Pas mal.

Nicht schlecht.

De mieux en mieux.

Immer besser.

SEITE 113

Je me donne au diable si vous n'êtes pas la comtesse Orzelska.

Ich will des Teufels sein, wenn Ihr nicht die Gräfin Orzelska seid.

Pourtant il ne s'en cache pas.

Dabei versteckt er sich nicht damit.

C'est un fanfaron de vices.

Er prahlt mit dem Laster.

Merci, mon prince.

Danke, mein Prinz.

Savez-vous, mon petit, que vous non plus n'êtes pas ordinaire?

Wißt Ihr, mein Kleiner, daß Ihr auch nicht alltäglich seid?

Belle demande!

Was für eine Frage!

SEITE 114

Où prenez-vous ces idées saugrenues?

Woher nehmt Ihr diese abgeschmackten Ideen?

équipée comme vous l'êtes.

die so ausgestattet war, wie Ihr es seid.

Ce n'est pas dans mes coutumes.	Das gehört nicht zu meinen Gewohnheiten.
Aussi choisit-il de vivre.	Auch er zog es vor zu leben.
Laissons ces bêtises, et revenons à nos affaires.	Lassen wir diese Dummheiten und kommen wir auf unsere Angelegenheiten zurück.
Vous avez raison.	Ihr habt recht.
à condition de retirer ce verrou.	unter der Bedingung, daß Ihr den Riegel zurückzieht.
Comme si vous en aviez le courage.	Als hättet Ihr den Mut dazu.

SEITE 115

Vous me faites des infidélités, maintenant?	Betrügt Ihr mich jetzt?
Quel empressement!	Welcher Eifer!
Vous sentez que je ne puis me dispenser du rendez-vous. N'étant pas connu dans ce pays, où je débute, si je manquais d'exactitude ce serait me donner un vernis de légèreté qui pourrait me faire du tort.	Ihr versteht, daß ich mich dem Rendezvous nicht entziehen kann. Ich bin in diesem Lande, wo ich zum erstenmal auftrete, nicht bekannt, und wenn ich es an Pünktlichkeit fehlen ließe, so hieße das, mir den Anschein der Leichtfertigkeit zu geben, was mir schaden könnte.

SEITE 118

divergences	Meinungsverschiedenheiten

SEITE 119

Il ne me semble plus parler à mon enfant.	Mir scheint gar nicht mehr, als spräche ich zu meinem Kinde.

SEITE 120

Après, ils connaîtront leur maître.	Nachher werden sie ihren Herrn kennen.

Ces deux larrons en foire.   Die beiden Jahrmarktsgauner.

SEITE 121

mauvaise tête que tu es.   Querkopf, der du bist.

SEITE 126—128

Hier spielt Friedrich seinem Vater auch den Brief des Königs
von England in die Hände, und die beiden Verlobungen werden
bekanntgegeben. Für einen Augenblick darf Friedrich die Liebe
seines Vaters erkennen, aber die Aussöhnung der beiden und
die Harmonie zwischen ihnen bleiben ernstlich bedroht. Der
Zar hat einen Anfall; aus seiner Ohnmacht erwacht er gerade
zur rechten Zeit, um Zeuge des Duells zwischen Anhalt und
Grumbkow zu werden: ihre Verrätereien und Bestechungen
(Verrat und Korruption) haben sie einander schließlich zu
Feinden gemacht. Peters Urteil über Preußen steht hiermit fest:
Die verschiedenen Teile der Szene überschneiden einander,
während die Menge der Zechenden gewaltigen Lärm macht
und zwei Hofnarren ihre Späße vollführen: der preußische
Akademie-Präsident und eine russische Prinzessin.

Die Reise nach Dresden. – In einer altmodischen eleganten
Staatskarosse reisen König und Kronprinz vom frühen Morgen
bis in die späte Nacht. Von Anfang an ist Friedrich Wilhelm
unbehaglich zumute bei dem Gedanken an den berühmten und
reichen Hof August des Starken. Er muß diesem Kurfürsten
einen Besuch abstatten, weil auch er selbst kürzlich Verbündeter
des Kaisers in Wien geworden ist. Aus der englischen Allianz
ist nichts geworden; der Prinz von Wales hat als der neue König
die preußischen Verlobungen widerrufen. Friedrich gibt England leichten Herzens auf: Sachsen zu erobern liegt näher. Seine
erste Reise »ins Ausland« weckt sofort seine kriegerische Gier,
die er später in die Tat umsetzen wird. Soweit ist jetzt bereits
seine Erziehung vom wohlwollenden Philosophen zum heim-
tückischen Tatmenschen gediehen. Beiläufig (nebenbei) bricht
die wackelige Kutsche kurz vor der Ankunft zusammen; die
königlichen Reisenden halten ihren Einzug in Dresden des
Nachts und zu Fuß. – Bald bricht in dem Haus, in dem sie untergebracht sind, ein Feuer aus; mit großer Mühe wird der König
durch das Fenster gerettet, der Kronprinz springt allein hinaus.
Abendessen im Schloß August des Starken, dessen Gesundheit

182

durch Völlerei (Ausschweifungen) untergraben ist. Der beleibte Erbprinz kennt inmitten der Freuden des Lebens (Wohlleben) bereits den Überdruß. Die preußischen Persönlichkeiten müssen vollständig für den Kaiser und seinen getreuen Kurfürsten von Sachsen, König von Polen, gewonnen werden. Friedrich Wilhelm zeigt sich wie gewöhnlich schlechter Laune, mißtrauisch und gefräßig. In Wirklichkeit protestiert er gegen gar nichts, er bietet dem alternden König sogar seine junge Tochter Wilhelmine an. Friedrich dagegen wird von der Üppigkeit und Schwäche dieses Hofes nur in seiner Gier bestärkt, dies alles zu besitzen. Ein italienisches Konzert berauscht ihn, macht ihn jedoch nicht milder (freundlicher). Der Anblick des Carnevals hat die gleiche Wirkung. Die Sachsen verzweifeln daran, mit »diesen Leuten« voranzukommen. Ein letzter Versuch (Zuflucht) aber bleibt dem Kurfürsten: er wird ihnen die Gräfin Orzelska zeigen.

Gräfin Orzelska, von polnisch-französischer Abkunft, ist eine illegitime Tochter August des Starken; niemand widersteht ihrer Schönheit, besonders wenn sie in einem künstlerisch ausgestatteten und beleuchteten Kabinett liegt und ihr Anblick unerwartet geboten wird. Genau das tut der Kurfürst. Der König von Preußen wird von unwiderstehlichem Unwohlsein befallen, sein Freund von Sachsen muß ihn fortbringen. Der junge Friedrich bleibt allein mit der ersten Frau, die er nackt sieht. Er wäre gegen die Verführung wehrlos; aber er strebt darüber hinaus nach Ruhm. Er und Gräfin Orzelska werden den Gesprächsstoff an allen Höfen bilden; diese werden auch von der Eifersucht ihres Vaters, des Kurfürsten, reden, denn die Beziehungen zwischen Vater und Tochter sind fragwürdig. Friedrich gefällt der Dame, weil er neu und unschuldig ist und weil ihre Berühmtheit deswegen gewinnen wird. Doch der Kurfürst August, der die Tür verriegelt (verschlossen) findet, wird halbwegs irregeführt (getäuscht). Er hat für Friedrich ein Rendezvous (Verabredung) mit der italienischen Sängerin (Diva) ausgemacht, die den jungen Menschen begeistert hat. Friedrich nimmt begierig an; Gräfin Orzelska versteht, was er meint: die beiden sind schon seit langem (lange zuvor) zu einer Übereinkunft gekommen.

NACHWORT

*»Die Totenmaske des großen Königs
sieht gar nicht nach Erlösung,
gar nicht nach Verklärung aus.«*

»Das letzte ganz große Unternehmen« seines Bruders hat es
Thomas Mann genannt. Offensichtlich plante Heinrich
Mann ein umfängliches Werk, als Abschluß eines fünfzigjäh-
rigen Lebenswerkes wohl gedacht – als vielgestaltiger, mon-
ströser Torso schließlich »liegengeblieben über meinen anderen Sorgen«, wie der Autor 1947 bekennt, noch immer im
kümmerlichen, vereinsamten Leben im kalifornischen Exil,
ohne schriftstellerischen Erfolg, glücklos nach dem Selbstmord seiner geliebten Frau Nelly.

Das »ganz große Unternehmen« besteht aus Texten, die
äußerst vielgestaltig, fast über ein Jahrzehnt gestreut, letztlich
spärlich sind: Notizen vielleicht schon vor 1940, allerlei Be-
merkungen im großen Memoirenwerk »Ein Zeitalter wird
besichtigt« von 1943, einige briefliche Äußerungen, immerhin ein vollständiges Handlungsschema, aber nur ungefähr
ein Fünftel der beabsichtigten »historischen Szenenfolge« –
wahrlich ein »Fragment«; schließlich 1948 noch der umfängli-
che Essay »Der König von Preußen«, als einziger Text zu
Lebzeiten veröffentlicht (in der »Neuen Rundschau«, 1948).
Wie soll man diese diversen Ansätze und Textarten bewerten
und interpretieren?

Der tiefere Zusammenhang liegt in der Intention: eine »traurige Geschichte«. Heinrich Mann will die fatale Entwicklung
eines »gequälten Jünglings« zeigen, die Geschichte einer
hochneurotischen Vater-Sohn-Beziehung, brutale Familien-
verhältnisse, Ehekonflikte, Gewalttätigkeit, Zynismus und
Gefühlskälte, kurz: die »autoritäre Charakter«-Struktur in

ihrer Genese in der königlich-preußischen, zugleich ›bürger-lich‹ gezeigten Familienzelle.

»Ordnung über alles« als Familien- und Staatsräson, reprä-sentativ für das »Herrenvolk von Untertanen«, von Heinrich Mann schon 1919 erkannt, entsteht aus der psychischen Ambivalenz von Sadismus und Masochismus, wie sie die Sozialpsychologie von Fromm, Adorno und anderen wissen-schaftlich entwickelt hat. Heinrich Mann dagegen ist ›nur‹ ein sehr genauer Beobachter und Gestalter: ein Sozialpsychologe avant la lettre – eine relativ wenig anerkannte Leistung des Schriftstellers Heinrich Mann! Die »autoritären« Charakter-strukturen sind bis ins Detail verfolgt: Brechung der jugendli-chen Sensibilität und Identitätssuche, Liebesentzug, der »protestantische Zwangscharakter« des Vaters Friedrich Wil-helm als strafender Gott und Patriarch, angstvoll selber dem calvinistischen Gott sich unterwerfend. Die typische hierar-chische Machtpyramide der einander stützenden Gewalten von Gott, König, Offizier, Vater wird als absolutistisch-aristokratische und zugleich als familiale, ›bürgerliche‹ Sozi-alisationsstruktur gezeigt.

Heinrich Mann hatte es schon dreißig Jahre früher im »Unter-tan« typologisch beschrieben; auch der Knabe Friedrich war wie Diederich Heßling »ein weiches Kind, das am liebsten träumte«. Diederich und Friedrich entwickeln sich zu psychi-scher Gewalttätigkeit und »ungesunder Demut«, zu Selbst-sucht, Eitelkeit und »Taschenspielerei«. Das »Schauspieler«-Modell hat Heinrich Mann immer wieder benutzt, um die zugrundeliegende strukturelle Ichschwäche darzustellen. Der große Friedrich ein »Schauspieler«? »So hat Bismarck ihn genannt«, bemerkt der Bismarck-Verehrer und Soliditäts-Liebhaber Heinrich Mann im Essay und im »Zeitalter« zur Bestätigung. Gewalt und Angst hängen psychisch zusammen: Angst vor der bedrohlichen Sexualität zwingt den Vater wie den Sohn in typischer aggressiver Frauenverachtung dazu,

Frauen entweder als Mütter oder als Dirnen (die Gegnerinnen Friedrichs, Maria Theresia und Katharina, werden später so beschimpft werden) psychisch unschädlich zu machen – mit dem Ergebnis der »Liebesunfähigkeit«. Der ichschwache Sohn Friedrich verinnerlicht die Vater-Gewalten, sichtbar gemacht in der freiwillig-erpreßten Versöhnung beim Tod des verhaßten Vaters: »Gegensätze bestehen nicht mehr. Friedrich wird als König strenger als sein Vater.« Man sieht: Heinrich Mann interessiert sich nicht für die heroische Geschichte des Schlachtenlenkers, sondern für die »traurige« seiner inneren Zurichtung. »Friedrich mußte ein Menschenfeind werden«, heißt es zusammenfassend in der Trauerarbeit der »Zeitalter«-Besichtigung.

Eine Geschichtsklitterung? Heinrich Mann hat historisch sehr akribisch nach Dokumenten, Briefen, zeitgenössischen Quellen (so Friedrichs »Histoire de mon temps«, Briefwechsel mit Voltaire, Memoiren der Schwester, Markgräfin von Bayreuth, Aufzeichnungen des von Katte, Hegemanns »Fridericus«-Biographie, 1926) gearbeitet – wie stets Historiker und Gestalter zugleich. Alle grausigen Einzelheiten, so zum Beispiel die Strafaktionen des Vaters, sind auch von heutiger Geschichtsforschung belegt und bestätigt.

Das schloß persönliche Betroffenheit und auch Momente geheimer Selbstabbildung natürlich nicht aus. Friedrichs Altersbewußtsein und Distanzgefühl, seine zärtliche Liebe zur Schwester, die haß- und liebevolle Vater-Beziehung spiegeln bewußt Probleme des Patriziersohnes aus Lübeck. Unzufriedenheit mit sich, ja Momente von Selbsthaß lassen nach Ichidealen und Vorbildern suchen; Selbstveränderungswille und Selbsterziehung sind psychisch wie politisch bei Heinrich Mann immer wieder zu beobachten. »Wir können anders sein« heißt es programmatisch am Ende der »Zeitalter«-Memoiren. Die »traurige Geschichte« Friedrichs besteht eben darin, daß Keime zur Selbstveränderung und Persönlich-

keitsentfaltung verkümmern. Heinrich Mann erkennt durchaus die »Tragik« Friedrichs, »eine Tragödie, die er sich selbst
schrieb«, und muß traurig konstatieren: »Sich zu corrigieren,
hat er nicht versucht.« Heinrich Mann schreibt im »Friedrich« an der psychischen Vorgeschichte der preußisch-deut-
schen Typologie des 19. und 20. Jahrhunderts, wenn er das
»Sinken der Menschenwürde« und den »mangelnden Mut zu
sich selber« an den Deutschen beklagt. Als Alternative zur
»gewohnten verkümmerten Natur«, zur Selbstentfremdung
hat er schon früh sein Ichideal konzipiert: »das Ideal von wirklichen Helden, also generöse, helle und menschenliebende
Menschen« – schließlich gefunden und in den dreißiger Jahren
im französischen Exil gestaltet im »menschlichen Reichtum«
des liebenswürdigen »guten Königs« Henri Quatre.

Häufig hat Heinrich Mann sein idealistisch-aufklärerisches
Menschenbild in personalen Konstellationen entfaltet, so zum
Beispiel im Kontrast von Heßling und dem ›alten Buck‹. Die
Kontrastkonstellation Friedrich der Große – Henri Quatre ist
vermutlich gleichzeitig entwickelt, sich wechselseitig provo-
zierend und profilierend: hier eine »traurige«, dort eine tröstli-
che zu Aufklärung und ›grande revolution‹ führende Geschichte. »Das wäre das Gegenstück«, schreibt er 1947. Also
Heinrich Manns altes deutsch-französisches Kontrastmodell
historischer und geschichtsphilosophischer Art, ihm auch im
»Zeitalter« wiederum bewußt, »um die Könige zu vergleichen«,
die am Beginn der jeweiligen Nationalstaatsbildung stehen.

Den »historischen Roman« über Henri Quatre hat Heinrich
Mann ausdrücklich als »wahres Gleichnis« für die Gegenwart
gestaltet: Aufklärung und »Menschenwürde« gegen Faschis-
mus und Menschenentwürdigung. Ist auch das »Gegenstück«
des »Friedrich«-Werks als Gleichnis für die Gegenwart zu
lesen? Es gibt tatsächlich Anspielungen und Vergleiche zwischen dem »Siebenjährigen« Weltkrieg und dem Zweiten,
zwischen dem »Komödianten« und »Abenteurer« Friedrich

und dem »Falschspieler« und »Schmierenkomödianten« Hitler. Als quasi historische und typologische Brücke fungiert Wilhelm II., der »ahnungslose Komödiant ... mit der Seele eines Parvenu«. Heinrich Mann beschreibt in seinen repräsentativen Fürsten und »Führern« insofern die innere Geschichte Deutschlands. Es ist die historisch-typologische Kontinuität einer sozialpsychologisch aufgeschlüsselten Machtstruktur und (Selbst-)Unterdrückungsgeschichte – Vorgeschichte und Geschichte seiner (unserer?) Gegenwart. Nietzscheanische und faschistische Losungen hochbewußt zitierend, demonstriert Heinrich Mann den Gesamtzusammenhang (im Essay): »Friedrich ist allerdings in seiner Person das vorweggenommene Preußen-Deutschland, wie es eines späten Endes werden sollte. Die Überspannung der Kräfte, das ist er. »Das gefährliche Leben« für alle Tage, die herausgeforderte Entzweiung des einzelnen Landes mit der europäischen Ordnung, man erkennt ihn.«

Heinrich Manns »Friedrich«-Projekt ist ein genuines Werk der deutschen Exilliteratur und des Antifaschismus zugleich. Einerseits geht der Blick zurück, betroffen nach der Genese der deutschen Misere forschend, wieso »es« 1933 passieren konnte – wie in Thomas Manns »Doktor Faustus«, wie in der philosophisch-soziologischen Frage nach der »Zerstörung der Vernunft«, gestellt von Lukács und Brecht, Adorno und Bloch.

Andererseits zielt der »Friedrich« auf Gegenwartsanalyse und Warnung – und auf die Mobilisierung von Gegenkräften. Heinrich Mann geht es vor allem um die Zerstörung des »Führer«-Mythos, das ist der Sinn des historisch-sozialpsychologischen »Gleichnis«-Verfahrens. Indem er die so volkstümlich-heroische Legende vom »Alten Fritz« decouvriert – »In Preußen heißt er Fritz, womit sie ihn sich aneignen ...; der Alte Fritz schwindelt, nur so verstand er die Beziehungen von Mensch zu Mensch und von Macht zu Macht« –, trifft er die Harmoniefeier des »Tages von Potsdam« im Januar 1933 und das Nazi-Staats-Theater mit. Die Nazidemagogie bediente sich einer volkstümlichen nationalen Legendenbildung um »Fridericus« in der bürgerlichen Literatur der zwanziger und dreißiger Jahre von Walter von Molo, Bruno Frank, Reinhold Schneider, Jochen Klepper, Eckart von Naso und viele andere; noch der ›deutsch‹ stilisierte »Friedrich« Thomas Manns im Essay von 1915 gehört dazu, was Thomas und Heinrich Mann, gemeinsam jetzt, wußten.

Die stärkste Verdummungsgefahr aber ging von den populären »Fridericus-Rex«-Filmen (mit Otto Gebühr) aus, gegen die Heinrich Mann schon 1928 in einer Rede vor dem Volksverband für Filmkunst sich gewendet hat: »Man begeistert das Volk in Ermangelung lebender Könige für einen toten (. . .)! Man macht ihm etwas vor.« Daher der vermutlich frühe Gedanke, ein Drehbuch für einen aufklärenden Gegenfilm zu schreiben, was er dann als angestellter »Scriptwriter« bei der Hollywoodfirma Warner Brothers seit 1940 tut, als Broterwerb wie als Griff nach einem neuen Medium: »eine gebotene Gattung!«, so im Brief 1941 an Thomas Mann. Heinrich Manns Bezeichnung »outline« (für das Handlungsschema), viele filmische Regieanweisungen, schließlich die Benennung »Filmroman« 1941 deuten schlüssig auf ein episch-dramatisches Filmprojekt; die Heinrich-Mann-Forschung hat bisher etwas diffus von »Dialogroman« oder »szenischer Roman« gesprochen.

Der geplante Gegenfilm sollte auch Gegenkräfte gegen die »autoritäre« Gewalt demonstrieren, aber sie werden, realistisch genug, als ohnmächtig gezeigt, jedenfalls was Deutschland betrifft: verschüchterte Bürger, einfache Soldaten, immerhin tatkräftige Frauen aus dem »Volk« und, auch das symptomatisch für Heinrich Manns alte Hoffnungen, ein Intellektueller mit »Geist«: der Akademiepräsident (wie 200 Jahre nach ihm Heinrich Mann an gleicher Stelle!) und zum

Hofnarr gemachte Friedrich von Gundling. Aber seine Un-
terwerfung unter die launenhafte Despotie erlaubt die List der
»Vernunft«: Der Narr mit dem »gesunden Verstand« kann
böse Wahrheiten sagen, ein Außenseiter mit letztlich unbe-
schädigtem Selbstbewußtsein, der immerhin »herzlich lachen« kann. Er zitiert sogar aus Voltaires »Candide«, dem
von Friedrich gehaßten Werk!

Der Franzose Voltaire, von früh auf und lebenslang von
Heinrich Mann verehrt, wird als eigentliche Gegenmacht
konzipiert – im »Fragment« nicht mehr ausgeführt, im Essay
dagegen dominant: Gast, Gesprächspartner, bewunderter In-
timfeind des preußischen Königs, der sich dem Stärkeren
unterwirft (»Geistig beherrscht ihn Voltaire«). Heinrich
Manns zentrales Thema »Geist und Macht«, die alte, erhoffte
Synthese-Utopie, wird in verschiedenen Spielarten im Text
durchgestaltet. Voltaire repräsentiert den machtvollen,
Gundling den machtlosen Geist. Friedrich gerät in die Nähe
der geistlosen Macht, der Perversion der Geist-Macht-Syn-
these: Der König, »sonst ein Philosoph und zartes Gemüt«,
wird schließlich ein »heimtückischer Tatmensch«; gleichwohl
wird ihm seine Liebe zur französischen Literatur und sein
eigenes potentielles Literatentum positiv angerechnet, was zu
einer relativen Milderung und interessanten Differenzierung
seines Bildes jedenfalls im Essay von 1948 führt.

Das »Geist-und-Macht«-Thema hat wiederum Gleichnis-
funktion für die Gegenwart. Der zivilcouragierte Voltaire –
»eine europäische Macht« wird er im »Zeitalter« genannt –
und das vom englischen Gesandten selbstbewußt genannte
englische »Parlament« sind unübersehbar beschworene – aus-
ländische – Gegenmächte der »Vernunft« gegen den deutschen Despotismus: eine schließlich erfüllte, in der Niederrin-
gung des Dritten Reichs bestätigte Hoffnung Heinrich
Manns für seine Zeit. Er vertraute der Übertragungsfähig-
keit des deutschen Lesers: »Späte Folgen für Deutschland,

Europa und die Welt können vorausgesehen werden«, heißt es in der »outline«.

War das »Friedrich«-Thema denn eine so »überraschende Stoffwahl«, wie Thomas Mann 1946 glaubte, für den Autor des »Untertan«? Ganz im Gegenteil. Historisch, gesellschaftstypologisch, sozialpsychologisch ist der »Friedrich« das sozusagen nachgelieferte, hinterhergeschriebene Fundament für die Problematik der Diederich-Heßling- und »Professor-Unrat«-Typologie im Wilhelminismus, »mit späten Folgen« im Dritten Reich mit seinen »Ordnungsgreueln« (triftig so benannt von Thomas Mann). Zugleich ist das »Friedrich«-Projekt das konzeptionelle Parallel- und »Gegenstück« zum »Henri-Quatre«-Modell, auf dessen historischer Folie sich der deutsche »Friedrich«-Komplex abhebt mit »seinen im eigentümlichen Emailleglanz historischen Kolorits leuchtenden episch-dramatischen Szenen«, wie Thomas Mann, einigermaßen fasziniert, bemerkt hat.

Der »Friedrich« ist zu betrachten quasi als thematisches Zwischenstück und konzeptionelles Bindeglied zwischen den Hauptwerken »Untertan« und »Henri Quatre«. Insofern verknüpft dieses leider »liegengebliebene« Fragment zentrale Intentionen und Werk-Phasen dieses großen, bei uns stets leicht in Vergessenheit gedrängten Schriftstellers (»einer der genialsten Schriftsteller der Deutschen«, Thomas Mann, 1946).

Durchaus mit Selbstbewußtsein jedenfalls hat Heinrich Mann sich 1947 brieflich geäußert, als er das »Friedrich«-Fragment liegenließ über seinen »anderen Sorgen«: »Nun, Fragmente sind auch etwas. An ein Ende gelangt man doch nie, so wenig mit den eigenen Bemühungen wie mit der Betrachtung der Welt.« Wir können immerhin die »Friedrich«-Texte heute begreifen als einen so scharfsichtigen wie bedrückenden Versuch zur Erhellung unserer äußeren und inneren Geschichte.

Jürgen Haupt

INHALT